SACRÉS GENDARMES

JEAN-CHARLES

SACRÉS GENDARMES

FRANCE LOISIRS
123, Boulevard de Grenelle, Paris

Edition du Club France Loisirs, Paris
avec l'autorisation des Presses de la Cité

Il y a des gens qui méprisent encore les gendarmes. Méfions-nous en général de ces gens-là, ils doivent priser les voleurs : le voleur est trop commun pour être piquant, le gendarme arrête trop de voleurs pour être ridicule.

Édouard Ourliac, 1843.

PRÉAMBULE

QUAND un gendarme rit dans la gendarmerie, tous les gendarmes rient dans la gendarmerie. Cette phrase a été maintes fois répétée, chantée même, puisque c'est le titre d'un fox-trot (1). Sous le second Empire, elle a servi de légende à un dessin de Lavrate, imprimé par Pellerin, à Épinal.

Tout cela ne me disait pas ce qui fait rire les gendarmes. Pour le découvrir, j'ai d'abord téléphoné au ministère de la Défense. Je savais en effet que les gendarmes sont des militaires et dépendent donc de ce ministère, bien que la plupart de leurs missions soient d'ordre civil, mais j'ignorais que leur directeur est un haut magistrat.

Un capitaine me répondit que la gendarmerie avait son propre service de relations publiques. Il m'adressa à un autre capitaine qui m'invita à déjeuner au Cercle Napoléon,

(1) Paroles de Charlys et Couvé, musique de Henry Himmel (Éditions H. Benjamin, 1936).

le mess des officiers de la garde républicaine de Paris. J'appris ainsi que la garde républicaine fait partie de la gendarmerie, c'est-à-dire de l'Arme (avec un grand A).

Le déjeuner fut servi dans une salle à manger particulière, non parce que l'on me considérait comme un hôte de marque, mais parce que je n'avais pas de cravate, attribut vestimentaire indispensable pour prendre son repas au mess. Quand je compris la raison de ce traitement spécial, je ne pus que rendre hommage à la manière dont avaient été respectés à la fois les règlements du cercle et les lois de l'hospitalité.

En fait, à ce moment-là, le rire du gendarme ne devait constituer que la première partie d'un ouvrage, intitulé *la Foire aux flics* et qui était venu en tête d'un référendum organisé auprès de mes lecteurs. Bien entendu, je précisai que je voulais amuser sans ridiculiser, mais ce n'était pas ce qui préoccupait le capitaine :

– Je n'ai que deux souhaits, m'expliqua-t-il, que le livre soit bon (cela, je n'en doute pas) et qu'il soit entièrement consacré à la gendarmerie.

Un gardien de la paix réglant la circulation à un carrefour de Paris me paraissait faire les mêmes gestes que le gendarme opérant sur les routes du Périgord ou du Gâtinais. Je ne voyais pas non plus de différence entre les motards de la police parisienne qui surveillent les premiers kilomètres de l'autoroute du Sud, les C.R.S. qui leur succèdent et les gendarmes que l'on trouve un peu plus loin. Pour moi, ils étaient tous des motards. Quant à l'enquête sur le cambriolage d'une maison de campagne, elle me semblait la sœur de celle consécutive au fric-frac d'un appartement parisien.

Le capitaine m'expliqua courtoisement que je me trompais. Étant docile de nature, je voulus bien admettre qu'il y avait deux manières de souffler dans un sifflet, de relever une empreinte ou de disperser une manifestation. Et que, comme disent les vieux créoles, en Guyane, il y a *les gendarmes grand sabre* et *les gendarmes petit bâton.*

Dix mois plus tard, à la veille de terminer mon livre, je fus réinvité par le même capitaine, devenu entre-temps chef d'escadron (alias commandant). Cette fois, je lui promis de mettre une cravate, mais il me dit qu'elle n'était plus obligatoire au Cercle Napoléon.

– Vous avez la preuve, ajouta-t-il, que la gendarmerie évolue.

En dix mois d'enquête, je m'étais également rendu compte que l'autonomie de la gendarmerie constituait un gage de démocratie, dans la mesure où il n'est jamais bon que tous les pouvoirs de police soient entre les mains d'un même homme. J'avais surtout réalisé que ces sacrés gendarmes formaient bien, selon le mot de Napoléon Ier, « une organisation à part » et qu'ils devaient donc avoir un livre pour eux tout seuls. Ce qui ne m'empêchera pas d'en consacrer un à la police, dans les années à venir, et peut-être un autre à la gendarmerie.

Il me reste maintenant à remercier tous ceux qui ont accepté de me recevoir, en commençant par M. Jean Cochard, directeur de la gendarmerie et de la justice militaire, sans l'accord de qui je ne serais pas parvenu à mener à bien mon enquête auprès des officiers et sous-officiers de l'Arme.

Je remercie aussi les anciens qui ont bavardé avec moi ou qui m'ont écrit *pour oublier,* me dit l'un d'eux, *les faits divers de violence accrue trop complaisamment rapportés dans la presse.*

Je n'ai pas rencontré M. Jean-Claude Périer, prédécesseur de M. Cochard à la tête de la gendarmerie, mais j'ai lu sa radioscopie par Jacques Chancel, en 1971. M. Périer y rappelle l'importance de l'humour, *cette façon de se moquer de soi-même et de se moquer des circonstances dans lesquelles on se trouve.*

Heureusement pour moi, presque tous les gendarmes que j'ai rencontrés avaient un sens de l'humour nullement incompatible avec le sérieux de leur profession. Grâce à eux, j'espère, au-delà de l'anecdote, faire mieux comprendre la servitude et la grandeur gendarmiques. Quant à ceux, très rares, qui ont été réticents à mon égard, puisse ce livre leur prouver qu'ils ont eu tort. Dans un métier difficile, il y a également des occasions de rire et, davantage que les autres, elles méritent d'être racontées.

Si mon livre se termine par une incursion en Belgique, ce n'est pas pour sacrifier à la mode des histoires belges, mais tout simplement parce que les gendarmes du cru m'ont fourni des anecdotes et des perles dignes de celles de leurs camarades français.

Enfin, je tiens à exprimer ma reconnaissance à Gustave Nadaud, auquel je consacrerai d'ailleurs quelques pages. Grâce à sa chanson, *Pandore,* je dispose d'un synonyme de gendarme qui me permettra d'éviter de fâcheuses répétitions.

L'avancement du garde est plus lent et plus difficile que dans l'armée. Mais vous ne devez pas oublier qu'un brigadier des gardes, c'est autre chose qu'un sergent-chef.

Jean Anouilh : *Antigone.*

L'ÉCOLE DU GENDARME

LE ZÈLE allié à l'incompétence est redoutable. Il est des abstentions homicides, il est des bonnes volontés homicides.

Ce texte du *Mémento du gendarme* explique pourquoi le secourisme est un élément important de la formation des futurs pandores et leurs réponses prouvent bien qu'il était utile de modifier certaines conceptions erronées :

Une personne ayant perdu connaissance pendant trois minutes revient à elle. Que faites-vous?

Je lui donne une série de paires de gifles.

Quelle est la conduite à tenir en présence d'un asphyxié par compression de la cage thoracique?

Lorsqu'une charge très lourde vous bloque la respiration, on défonce la cage thoracique.

Une personne se coupe au niveau du cou. Une hémorragie importante en résulte, que faites-vous?

Je pratique les points de compression au niveau des carotides pour arrêter le sang et l'empêcher de monter à la tête.

Que faites-vous en présence d'un enfant qui vient d'avaler une bille et qui suffoque?

Je le prends par les pieds et je le secoue.

Que faites-vous devant une personne ayant reçu un liquide corrosif dans l'œil?

Je lave au savon sans rincer.

Quelle est la définition d'une plaie?

C'est une atteinte de la peau avec des objets non prévus à cet effet.

Comment désinfectez-vous une plaie?

Je nettoie la plaie en triant les microbes.

En réalité, le moniteur de secourisme avait expliqué que la plaie doit être nettoyée du centre vers la périphérie. Il avait expliqué aussi qu'en présence d'une fracture de la cuisse, déjà appareillée, il faut traiter le choc en surélevant la jambe saine et libérer le blessé de toute entrave vestimentaire, ce qui devint : *Je traite le choc avec la jambe saine. Je dégage les entrailles.*

On ne doit pas s'étonner et encore moins s'indigner de perles aussi grosses. J'en ai trouvé d'une taille analogue, pondues par de futures infirmières qui devinrent ensuite d'excellentes professionnelles.

De toute façon, les instructeurs inculquent peu à peu aux élèves gendarmes les gestes qui sauvent. Ils leur apprennent par exemple qu'une personne ayant reçu un coup de couteau dans l'abdomen doit être placée sur le dos, jambes repliées.

C'est ce que répondit un élève, après quoi il ajouta : *Dommage que le couteau ne soit plus dans la plaie, car c'est une erreur de le retirer.*

En tout cas, les futurs gendarmes sont imprégnés de l'enseignement du secourisme. Du moins si j'en juge par celui qui déclara, lors d'un examen oral :

– La rumeur publique, c'est des mots qu'on se transmet de bouche à bouche.

Dans l'argot des élèves, l'E.P.G. (école préparatoire de gendarmerie) est *l'élevage de poulets de grain.* Mais, que ce soit à Chaumont, à Châtellerault, à Montluçon ou ailleurs, le secourisme n'est qu'une petite partie du programme.

Enseignement général, formation militaire, dactylographie, topographie, transmissions, police de la circulation, police judiciaire, j'ai été stupéfait de tout ce qu'il fallait apprendre en six mois. Mais la durée de l'enseignement est fonction des besoins de l'Arme et une école ne se bâtit pas en un jour. Il n'y a pas longtemps, on fabriquait un gendarme en quatre mois.

– Le passage à six mois a été très apprécié par les bijoutiers de Châtellerault, m'a affirmé une libraire, car c'est le temps moyen pour qu'une idylle arrive à sa conclusion.

Au moment des stages de quatre mois, les permissions furent réduites à l'E.P.G. de Chaumont et le maire essaya d'obtenir que les futurs gendarmes aient davantage le temps de sortir, se faisant ainsi l'interprète des demoiselles à marier de la ville.

Les élèves songent d'abord à leur travail et la tâche de ceux qui reprennent des études, après plusieurs années de vie active, n'est pas facile.

– Sur le plan de l'orthographe et du style, m'a dit un colonel, nous nous rendons compte des progrès à l'envers faits par l'éducation nationale. Un élève gendarme, avec le brevet élémentaire, en sait souvent moins que son père qui n'avait que le certificat d'études.

L'un écrit *accès de vitesse;* d'autres *la loie,* comme si elle ressemblait à une oie. Le pouls devient *le paoul* ou *le poux* et, quand il est fuyant, il lui arrive d'être *fuyard.*

Pour se consoler, il y a les rédactions où l'on trouve de

jolies formules, comme celles-ci : *Il avait le poil court et ras comme celui d'un œuf d'autruche.*

Son visage était lézardé de coups de couteau.

Au début des années 60, à Chaumont, un brave adjudant remplaça l'instructeur chargé de l'orthographe. Il avait bien essayé d'expliquer que ce n'était pas tout à fait de sa compétence, mais un « débrouillez-vous » énergique lui fit claquer respectueusement les talons.

– C'est pas difficile, commença-t-il, la règle du pluriel, ça s'exprime par un s.

– Pas toujours, mon adjudant, dit un des élèves. On écrit des choux avec un x; des poireaux avec un x.

– Au temps pour moi! La règle du pluriel, ça s'exprime par un s, sauf pour les légumes.

L'histoire appartient au passé et, en 1977, les E.P.G. m'ont paru être à la pointe de la pédagogie. L'audiovisuel est fort bien maîtrisé et un colonel m'a parlé d'un certain tableau blanc qui intéressa beaucoup l'inspecteur d'académie de Chaumont.

En revanche, l'inspecteur d'académie aurait sans doute été un peu étonné par cette réponse d'un élève sur le droit de réquisition, en cas d'accident : *On requiert le maire pour faire évacuer le mort vers un établissement d'équarrissage.*

Pendant leur temps d'école, les élèves rédigent des procès-verbaux sur un thème donné. C'est ce que l'on appelle « des P.V. fictifs ».

Il cria « au voleur... au voleur », mais en bègue.

Son coup de poing raisonna comme un tambour.

Il lui cassa le fémur à hauteur du coude droit.

Dans la même soirée, il abusa de ma confiance, de ma femme, de ma belle-mère et même de mon beau-père.

Fouillé minutieusement, il a été trouvé porteur d'une valise.

Il peut sembler bizarre de dire que l'on rédige un procès-verbal. Selon le colonel Louis Saurel (1), l'expression date de la guerre de Cent Ans, époque où la justice militaire, cheminant derrière les armées, ne procédait pas par écrit mais par procès-verbaux. *Ce terme,* ajoute le colonel, *devait faire fortune.*

Le procès-verbal méritait encore son nom en un temps où tous les gendarmes ne savaient pas lire. On trouve en effet dans un rapport de 1844, sur le personnel de la compagnie de l'Aude : *Il n'y a plus que 7 hommes illètrés mais ce sont de bons et vieux gendarmes qui ont une telle pratique du service qu'elle supplée au défaut d'instruction.*

Aujourd'hui, l'instruction n'empêche pas les perles et l'on trouve dans les P.V. fictifs :

Nous soumettons le conducteur au texte de l'imprégnation alcoolique.

Il n'avait pas de feu rouge au derrière comme tout automobiliste.

Il nous déclare : « La voiture m'appartient et reconnaît l'infraction. »

La route était droite comme un S allongé.

Apercevant un homme monté sur un cyclomotoriste et qui pédalait...

Je me rendis compte, après avoir terminé mon dépassement, que le cyclomotoriste avait été déséquilibré par un coup d'œil dans mon rétroviseur.

Texte que les grammairiens considéreraient comme un bel exemple d'anacoluthe. Mais les apprentis pandores n'étudient pas les figures de rhétorique. En revanche, ils doivent savoir que la gendarmerie départementale est orga-

(1) Dans son excellente histoire de la gendarmerie, publiée sous le titre *Peines et gloires des gendarmes* (Éditions Lavauzelle, 1973).

nisée en brigades territoriales. C'est la base d'une pyramide qui comporte les compagnies, au niveau de l'arrondissement; les groupements, au niveau du département; les circonscriptions régionales (21) et les régions (7).

Même dans une organisation aussi bien structurée, chacun est responsable. Les élèves doivent avoir conscience de l'importance qu'aura leur rôle. Comme l'écrivait l'un d'eux, avec beaucoup de sagesse : *La peur du gendarme est aussi utile aux futurs délinquants qu'aux gendarmes eux-mêmes.*

Bien entendu, il faut que les futurs serviteurs de la loi aient une idée claire de la façon dont fonctionne la justice.

– Une bonne chose, m'a dit un instructeur, est qu'ils puissent regarder à la télé une ou deux émissions de *Messieurs les jurés.*

Ils apprennent ainsi que *le crime est puni de peines affectives et de peines affamantes.*

Les délits ne conduisent pas tous en cour d'assises et les gendarmes fournissent davantage de clients au tribunal correctionnel qui, affirmait un élève, est *composé d'un président et de deux ascenseurs.*

Même les sujets les plus délicats sont au programme des E.P.G. :

Le viol collectif est une infraction commise par plusieurs violistes.

Quand le viol est consenti, le violoneux n'est pas puni.

En droit, la castration de son rival est une excuse absolutoire pour l'homme qui a été trompé par sa femme et qui la pratique à chaud.

Enfin, il faut savoir qu'*un homme est toujours fouillé corporellement par deux gendarmes au moins. Une femme est fouillée par une personne de son sexe. Dans le cas délicat de l'homosexuel, seul le commandant de brigade paraît compétent.*

***

Le temps est révolu où les gendarmes apprenaient l'écriture en ronde, soit à la plume spéciale, soit au bâtonnet taillé, et où les rapports de tournée étaient des modèles de calligraphie serrée.

En 1883, M. Henri Charles-Lavauzelle, le dynamique éditeur militaire, lança les plumes de Galliffet. *Elles ont,* affirmait-il, *les qualités du fer, la souplesse de l'acier, la fixité du diamant, écrivant également bien en fin et en gros.*

Ces plumes étaient vendues deux francs les 144, dans une boîte ornée de la photo du général de Galliffet, et *le Moniteur de la gendarmerie* qu'éditait M. Charles-Lavauzelle annonçait : *Galliffet, qui n'aime point la réclame, ne sera sans doute pas content. On s'est soigneusement abstenu de le consulter pour éviter un refus, et, maintenant que la chose est faite, il lui sera bien difficile de protester... utilement.*

Le général ne dut pas trop protester, puisque les plumes de Galliffet continuèrent à se vendre. L'année suivante, M. Charles-Lavauzelle proposa les plumes du général Lambert, en l'honneur du président de la commission de la gendarmerie, puis les plumes du général Boulanger.

En 1976, je n'ai vu la photo d'aucun général sur les machines à écrire avec lesquelles les élèves gendarmes étudiaient la dactylographie.

Soit dit en passant, je me demande pourquoi l'on ne trouve pas, par exemple en classe de seconde, deux heures chaque semaine, pour que tous les lycéens apprennent à taper à la machine. Il est vrai que ce serait utile et, en France, l'enseignement secondaire estime plus noble de fabriquer des chômeurs vaguement intellectuels.

SACRÉS GENDARMES

Le gendarme, a écrit en 1965 M. Pierre Messmer, *est devenu un élément du paysage.* Mais il n'est pas seulement présent dans les campagnes. Les autoroutes, les plages, les montagnes, les gouffres, les fleuves, les aérodromes, les ports et même les usines d'armement sont également sous sa surveillance.

L'ensemble représente plus de quatre cents missions, nécessitant des autos, des motos, des hélicoptères, des avions, donc des gens capables de s'en servir et de les réparer. Mais pour cela il y a des stages spéciaux. A l'E.P.G., les futurs gendarmes essayent seulement de passer leur permis auto, s'ils ne l'ont pas déjà. Et, bien entendu, ils doivent avoir appris le Code de la route.

Quels sont les panneaux que vous connaissez?

Parmi les panneaux, il y a les signaux de danger de présomption.

Qu'est-ce que la berme centrale?

C'est un bas-côté qui se trouve au milieu de la chaussée de l'autoroute.

Les élèves apprennent à se servir d'un cinémomètre. Sur mes notes, j'avais écrit *cynémomètre,* mais, comme me l'a fait remarquer malicieusement le général commandant les écoles, le cinémomètre n'a rien de cynégétique, même s'il s'agit d'un appareil avec lequel on fait la chasse aux automobilistes roulant trop vite. C'est ce que l'on appelle communément un radar.

Il est nécessaire aussi de connaître le fonctionnement du radiamètre, appareil avec lequel on mesure la radioactivité dans l'air. Interrogé à ce sujet, un élève répondit que *le radiamètre sert à vérifier si une bombe atomique n'est pas tombée, au cours de la nuit, dans la circonscription.*

– Un gendarme doit être opérationnel, m'a dit un moniteur, et nous enseignons un certain nombre de gestes de défense : comment parer un mauvais coup; comment maîtriser quelqu'un, sans lui faire mal.

A leur arrivée, la condition physique de la plupart des élèves est médiocre et il faut d'abord l'améliorer. En outre, 30 % ne savent pas nager et ils sont encore 18 %, à la sortie, qui auraient dû méditer cette vérité rappelée dans un devoir : *Il est bon de savoir nager dans la gendarmerie.*

La natation fait partie, avec le cross, le parcours du combattant, le lancer de grenades et le tir, des cinq épreuves de ce qu'un élève nommait *le pantalon militaire.*

Tandis que, prié de préciser les actes élémentaires du combattant, un autre élève répondait avec bon sens :

– Éviter de se faire tuer, afin d'accomplir sa mission.

Dans un défilé militaire, la gendarmerie marche en tête. Sans doute est-ce pour cela que *le Nouvel Observateur* du 21 juin 1976 a légendé une photo du directeur de la gendarmerie : *le général Cochard,* alors que celui-ci est parfaitement dépourvu d'étoiles. En effet, s'il existe des équivalences pour les magistrats détachés en justice militaire, il n'y en a pas pour le directeur de la gendarmerie et de la justice militaire.

– *Le Nouvel Observateur,* me confia-t-il quelques jours après, m'a valu plusieurs coups de téléphone de félicitation, certains parfaitement sincères.

Et, en d'autres temps, les Éditions Charles-Lavauzelle auraient sûrement lancé *les plumes du général Cochard.*

***

En 1972, on pouvait lire dans un rapport d'une brigade de l'Yonne : *Le corps de la gendarmerie n'attire plus les jeunes. Ceci est dû à une malformation du public.*

Le rapport avait à la fois tort et raison. En 1972, comme en 1976, il y avait près de trois candidats pour une place, mais leur origine s'est radicalement modifiée depuis quelques années. On recrute de plus en plus dans les villes et de moins en moins dans les campagnes.

Que l'on soit citadin ou campagnard, il faut être français, avoir accompli son service militaire et mesurer au minimum 1,68 m. Aucun diplôme n'est demandé, car l'Arme préfère se fier à ses propres tests.

Le décret du 1er mars 1854 exigeait que le futur gendarme justifie d'*une bonne conduite soutenue.* Il en est de même aujourd'hui et un adjudant-chef, homme fort scrupuleux, raconte volontiers qu'il faillit être refusé, parce que son livret militaire portait la mention : *Détournement de matériel appartenant à l'armée.* Or il avait seulement croqué deux ou trois carottes, pendant une corvée de pluches.

Enquête, tests, entretien préalable n'empêchent pas quelques élèves de renoncer en cours de stage et d'autres, plus rares, d'être poussés fermement vers la sortie.

Un élève termina normalement son stage, mais ses camarades avaient été un peu étonnés par les coûteux complets qu'il arborait les jours de permission. Jusqu'au moment où l'on découvrit que les complets et le reste étaient payés par deux ou trois demoiselles, habituées des trottoirs parisiens.

Vers les années 50, un autre élève prétendit être titulaire de la Légion d'honneur et de la croix de guerre. Une enquête rapide révéla qu'il avait menti. Les instructeurs lui demandèrent alors le récit de sa remise de décoration. Il expliqua qu'un soir il était au bal, quand un gendarme vint le prévenir. On avait tiré vingt et un coups de canon et le président de la République l'avait décoré.

L'histoire m'a été racontée à l'école de gendarmerie qui

est installée, depuis 1947, dans le fort de Charenton, à Maisons-Alfort.

Comme les légionnaires, les gendarmes ont toujours su construire, restaurer et même planter. Malheureusement, les premiers arbres du fort de Charenton avaient mal poussé. Le colonel décida donc d'affecter chaque arbre à un élève gendarme dont le nom figurerait sur une petite plaque. Il s'ensuivit une saine émulation dont les arbres profitèrent.

Un beau jour, le fort reçut la visite d'un major anglais. On lui montra les arbres, mais, en voyant les pancartes, il crut se trouver en face des tombes de gendarmes morts au champ d'honneur. Il salua chaque arbre et le colonel l'imita, car il se souvenait sans doute de cette maîtresse de maison buvant son rince-doigts, pour ne pas offenser l'invité qui venait de boire le sien.

La courtoisie a toujours été une qualité des « soldats de la loi », comme les nommait *le Moniteur de la gendarmerie* qui rappelait le 8 février 1885 : *Pour constater un délit, une contravention, point n'est besoin de se mettre en colère et de se montrer grossier, et l'on peut arrêter un individu en faisant preuve à son égard de la plus grande politesse.*

Un siècle après, ce texte est toujours valable et un élève de Châtellerault a écrit fort justement : *La gendarmerie doit appliquer les règles de la politesse... Si elle montre le mauvais exemple, les citoyens diront : Puisque c'est comme ça, je fais pareil.*

Chaque futur gendarme reçoit un petit guide de savoir-vivre fort bien fait et qui explique comment présenter une lettre, comment se conduire dans la rue, dans l'escalier, à table, etc.

Dans l'édition de 1967, encore en usage en 1976, rien n'avait été oublié tant de la façon de s'asseoir *(ni sur l'extrême bord ni affalé)* que de l'art de manger sa soupe *(ne pas emplir complètement sa cuillère de potage et éviter de faire du bruit en avalant celui-ci; ne pas finir son assiette en la vidant dans sa cuillère).*

L'art de manger sa soupe devait disparaître dans l'édition 1977, ce qui prouve que les gendarmes ont fait des progrès, en particulier depuis un autre ouvrage paru en 1965 (1) :

On absorbe le potage à l'aide d'une cuillère.

On ne porte à la bouche que la quantité qu'on peut absorber et on ne doit jamais en laisser retomber dans l'assiette.

On n'aspire pas le contenu bruyamment.

On ne boit pas directement à l'assiette les dernières cuillerées de potage; si on ne peut recueillir directement les dernières gouttes, on les y laisse.

Bien sûr, ces textes prêtent à sourire et je les ai cités pour cela. Il n'empêche que le savoir-vivre rend la vie plus agréable et il est dommage que les écoles de gendarmes soient parmi les seules à l'enseigner.

Elles ont aussi le mérite de suivre l'évolution des mœurs. Je n'ai retrouvé ni en 1965 ni en 1976 ce conseil donné dans un manuel de 1930 (2) : *Il est de mauvais ton de prendre ses repas en bras de chemise, même en été; c'est un manque de tenue qui choque et qui est du plus mauvais exemple pour les enfants.*

★★★

Chacun sait ou ne sait pas que la giberne est une boîte dans laquelle les soldats mettaient leurs munitions et par-

(1) *Conseils de savoir-vivre à l'usage des militaires de la gendarmerie* dont je remercie les Éditions Charles-Lavauzelle de m'avoir autorisé à publier quelques extraits.

(2) *Conseils d'un ancien à un jeune gendarme* par le commandant N... (Éditions Charles-Lavauzelle et Cie).

fois de menus objets. Pour les anciens militaires, *giberner* signifie bavarder, en évoquant le temps passé sous les drapeaux. Ce verbe ne figure pas dans mon *Grand Larousse* en dix volumes, alors que j'y ai trouvé *enfant de giberne* au sens d'enfant de militaire.

L'expression *avoir son bâton de maréchal dans sa giberne* est attribuée à Louis XVIII. Elle s'applique en tout cas au maréchal Alphonse Juin qui a souvent évoqué son père gendarme :

– Son plus cher désir était de me voir accéder à l'épaulette.

Je ne pense pas cependant que papa Juin imitait l'épouse d'un maréchal des logis-chef, disant à son fils :

– Il faut bien travailler. Regarde le lieutenant : il a bien travaillé, quand il allait en classe, et maintenant il travaille bien moins que ton papa et il gagne beaucoup plus.

La différence n'était peut-être pas aussi grande que l'affirmait cette mère avisée. Il n'en reste pas moins que beaucoup d'enfants de gendarmes ont fait une carrière plus brillante que leur père. J'en ai rencontré d'un peu tous les grades, y compris celui de général. Pourtant, la gendarmerie n'a que quinze généraux, soit un pour 5 500 hommes, contre un pour 1 700 hommes dans l'armée de terre et un pour 850 hommes dans l'armée de l'air.

Une partie des élèves de l'E.O.G.N. (École des officiers de la gendarmerie nationale), à Melun, viennent directement de Saint-Cyr, alors que d'autres ont déjà passé quelques années dans l'armée.

Pourquoi ce changement, quand on sait que les chances d'avancement sont moindres? Sans doute parce que le travail de la gendarmerie donne le sentiment d'être plus utile et mieux considéré.

L'E.O.G.N. complète généralement chaque promotion

avec des officiers de réserve (en particulier des enseignants), mais il y a toujours des places pour des sous-officiers sortis du rang. Tel ce maréchal des logis-chef, candidat au concours d'admission et qui devait être fort troublé, car il se présenta ainsi :

– Maréchal des jolies fesses X... A vos ordres, mon général.

★★★

La gendarmerie de Sarlat reçut un jour la visite d'une bachelière de dix-huit ans qui expliqua :

– Je voudrais être capitaine de gendarmerie à Sarlat, recevoir les prisonniers et commander.

Après tout, elle faisait peut-être partie des gendarmettes de la promotion 76 que j'ai rencontrées, un soir, à Fontainebleau. Sacrées gendarmettes, elles étaient une trentaine, en uniforme bleu, et pas une ne souriait. A coup sûr, elles n'étaient pas enchantées de me voir et le lieutenant qui dirigeait leur stage m'avait prévenu :

– Elles prennent leur métier très au sérieux.

Surtout, elles se méfiaient de ce type qui avait écrit *la Foire aux cancres* et qui maintenant s'attaquait à la gendarmerie.

A force de parler et de raconter des histoires, je parvins quand même à détendre l'atmosphère. Elles me chantèrent une de leurs chansons préférées, puis elles me dirent qu'elles se levaient à six heures du matin.

– N'est-ce pas un peu tôt?

– Non, c'est bien.

– Les lits au carré aussi, c'est bien.

Après deux mois de stage, elles seraient secrétaires, hôtesses, informaticiennes ou dans les transmissions. Mais près de la moitié auraient voulu être motard (pas motarde), maître-chien ou même gendarme mobile.

– Vous aimeriez enquêter sur un crime?

– Oh! oui.

Elles se plaignaient de ne pas avoir droit au parcours du combattant. Et puis elles auraient voulu faire davantage de moto, de tir, de judo.

– Il y a chez elles, me confia leur lieutenant, une foi dont certains jeunes gendarmes pourraient prendre de la graine.

La plupart avaient entre dix-huit et dix-neuf ans, mais toutes n'étaient pas des ménagères avisées. En se servant de la table à repasser, une de ces demoiselles n'enleva pas la housse de plastique qui brûla allégrement.

Une demi-douzaine étaient filles de gendarme. Pourtant, elles n'avaient pas d'anecdotes à me raconter. Seul l'avenir les intéressait et, volontaires pour un an de service national, elles comptaient bien rempiler.

– Vous savez, me dit leur lieutenant, elles sont plus gendarmes que moi.

Elles n'en dépendaient pas moins de l'armée de terre qui les prêtait à la gendarmerie. Pour voir des vrais gendarmes auxiliaires, je me suis rendu à Auxerre, à Saint-Astier et à Bergerac.

Créés en 1971, les C.I.G.A. (centres d'instruction des gendarmes auxiliaires) ont formé en 1976 quelque 4 500 volontaires, destinés à apporter leur aide aux 2 000 officiers et aux 70 000 sous-officiers composant l'Arme.

Quatre mois d'école, huit mois dans les unités, c'est à coup sûr une des façons les plus intéressantes de faire son service militaire. Je l'avais d'ailleurs dit dans *la Foire aux bidasses,* à la suite de quoi un lieutenant-colonel m'écrivit : *La peur du gendarme vous a-t-elle empêché de prendre un contact plus profond avec la gendarmerie?*

C'est, je puis l'assurer, sans aucune crainte que j'ai commencé par le C.I.G.A. d'Auxerre.

– Ne croyez pas que je le fasse exprès, m'avait dit le colonel, mais je vous attends le vingt-deux.

Le 22 juillet 1976, je me retrouvai face à une base aérienne désaffectée où trois camps s'échelonnaient sur trois kilomètres. De sorte que je me perdis un peu avant de trouver le colonel.

– Pour garder la forme, m'expliqua-t-il, je fais à pied les trajets d'un camp à l'autre. Au début, mes officiers s'arrêtaient pour me proposer une place dans leur voiture. Maintenant, ils savent.

Avec un sourire, il ajouta :

– Je veux montrer que c'est faisable, mais peu à peu je compte l'imposer à mes cadres, sauf urgence naturellement.

Trois mois après, au moment de mon passage à Bergerac, le lieutenant-colonel commandant l'école remportait le tournoi de tennis de la ville.

Avec de tels chefs, les gendarmes auxiliaires sont assurés de faire du sport, tout en apprenant le B.A. BA militaire pendant deux mois et une spécialité pendant deux autres mois. Cela ne va pas sans quelques perles et j'ai découvert par exemple qu'*une sentinelle est un homme seul chargé de la surveillance, tandis qu'un planton est formé de plusieurs hommes*.

L'éducation morale n'est pas oubliée et l'on doit à un G.A. de Saint-Astier cette belle formule : *Le respect de soi-même commence où s'arrête celui des autres.*

Vers 1973, un lieutenant et sa femme venaient d'emménager dans un appartement, situé au-dessus du casernement des gendarmes auxiliaires. Un soir, madame raconta à son mari qu'elle s'était mise à la fenêtre et qu'elle avait entendu les G.A. discuter.

– Il y en a un qui a dit : « J'en ai marre de toujours me taper la négresse. » Et les autres ont répondu : « Ah! oui, on voudrait bien changer un peu! »

Était-ce une affaire de mœurs? Après bien des hésitations, le lieutenant décida d'en parler à un de ses supérieurs... qui éclata de rire.

Nouveaux dans la région, le lieutenant et sa femme ignoraient que la Négresse est un carrefour où les G.A. ont souvent l'occasion d'être de service. Ils sont toujours en compagnie d'un vrai gendarme, car n'étant pas assermentés ils ne peuvent dresser de procès-verbaux.

La loi interdit d'employer les G.A. pour le maintien de l'ordre. En revanche, à condition d'avoir les compétences nécessaires, ils peuvent être affectés dans un peloton de montagne, dans un atelier de mécanique ou devenir moniteurs-nageurs-sauveteurs. Les autres sont utilisés dans les brigades comme dactylo, conducteur, radio ou pour des missions courantes.

Près de la moitié des G.A. rempilent, mais la gendarmerie tient à rester ouverte à des jeunes gens ayant fait leur service militaire ailleurs et qui s'engagent souvent après quelques années de vie active.

Un brave maire vantait dans un discours *l'efficacité d'une armée de circonscription.* Il est difficile de ne pas l'approuver, au moins sur le plan de la production perlière. C'est pourquoi je ne ferai jamais campagne contre le service militaire, mais il faudra bien, un jour ou l'autre, se décider à en aménager la durée.

En attendant, les G.A. qui ne rempilent pas gardent pour la plupart un bon souvenir de leur passage dans l'Arme :

– Il y a moins de possibilités de tirer au flanc, mais d'un autre côté on a l'impression de servir à quelque chose.

Beaucoup se félicitent en outre d'avoir obtenu leur permis de conduire et leur brevet de secouriste, un brevet dont la préparation a le mérite d'être riche en perles.

Quel est le but du secourisme?

Sauver des vies humaines sans risquer la sienne.

Dites ce que vous savez sur l'obligation légale de porter secours.

Quelqu'un a dit un jour : « Il faut porter secours à son prochain... » Pourquoi ne pas le faire au présent?

Définissez le choc traumatique.

C'est le cerveau projeté contre le crâne.

Quels sont les signes du choc traumatique?

La personne est froide et sa peau est tiède.

Que faites-vous en cas d'hémorragie artérielle?

Je coince l'artère en question contre un os qui passe à proximité.

Quels sont les signes de présomption d'une fracture?

Si on soupçonne un blessé d'avoir une fracture du tibia, par exemple, il ne pourra se servir de sa jambe. Si c'est de la cheville, il ne pourra plus se servir de son pied.

Quels sont les premiers soins à apporter à un brûlé?

Le retirer du feu, le barder.

Quels sont les facteurs de gravité d'une brûlure?

La couleur de la viande.

Quelle est la conduite à tenir en cas d'empoisonnement?

Je l'empêche d'en reprendre.

★★★

A la sortie de l'E.P.G., les jeunes pandores sont affectés soit dans la gendarmerie mobile, soit dans la gendarmerie départementale. Bien entendu, celui qui va dans une brigade de la Seine-Saint-Denis aura une vie différente de celui qui rejoint une petite brigade du Morbihan ou du Cantal. Mais, quel que soit l'endroit où il se trouve, il a encore beaucoup à apprendre. Souvent, il est loin d'être un champion de la machine à écrire et le cas n'est pas unique du témoin pressé qui dactylographie lui-même sa déposition.

Pour le reste, les anciens sont prêts à l'aider. Et puis il existe fort heureusement un *Mémento du gendarme* clair, agrémenté de dessins et commode à consulter. On y trouve répertoriées plus de 2 000 infractions, depuis *emploi de mineure dans un débit de boissons à consommer sur place* jusqu'à *défaut de déclaration de la présence de fourmis d'Argentine dans une exploitation.*

– Il est impossible de relever toutes les infractions, m'a dit un commandant de brigade.

– N'y a-t-il pas un peu des modes?

– En un certain sens, oui. Aujourd'hui, nous nous occupons davantage des nuisances et de la protection de l'environnement.

Avec à l'appui un mémento particulier contenant plus de 400 infractions. Tandis que, de son côté, *le Mémento de la police de la route* répertorie près de 800 infractions dont : *Passager d'un cyclomoteur ou d'un cycle âgé de plus de 14 ans.* Formule qui, dans les P.V. des jeunes gendarmes, devient parfois : *Transport de passager sur un cyclomoteur âgé de plus de 14 ans.* D'où la réflexion d'un adjudant-chef :

– Je m'en fous de l'âge du cyclomoteur.

En France, beaucoup de réformes se font à coups d'euphémismes. C'est ainsi que la gendarmerie a remplacé les séances de théorie par des séances d'instruction, mais il y a tout de même quelque chose de changé, car les manuels ont été supplantés par des fiches techniques bien faites et faciles à comprendre.

SACRÉS GENDARMES

Le temps est passé où Pandore recopiait les textes réglementaires sur un cahier d'écriture, puis devait les réciter à son chef de brigade. Daniel Desbordes qui était gendarme à Puiseaux, vers 1925, a raconté (1) qu'un de ses camarades séchait sur la fin de l'article premier de la loi du 28 germinal an VI, la loi de base de l'Arme :

– Le corps de la gendarmerie nationale est une force instituée pour assurer dans l'intérieur de la République le maintien de l'ordre et l'exécution des lois. Une surveillance continue et répressive constitue... constitue...

Le mot *essence* ne venait pas et un souffleur facétieux secourut son camarade qui termina triomphalement :

– Constitue le pétrole de son service.

(1) *Souvenirs de giberne d'un gendarme à pied* (édité par l'auteur en 1973).

En remplissant ses devoirs avec une impartialité éclairée, la gendarmerie contribuera à faire aimer le gouvernement dont elle est l'œil et les lois dont elle est l'appui.

Ordre du jour du général Moncey, 1802.

L'ŒIL DU GENDARME

VERS 1920, un instituteur qui n'avait pas de bonnet d'âne coiffa un cancre d'un chapeau de gendarme en papier. Mais il ne faut pas en tirer de conclusion hâtive et j'ai pu constater que les gendarmes d'aujourd'hui ont fait des progrès sur le plan du style. En particulier, je n'ai trouvé aucun des *subséquemment* et autres *nonobstant* chers aux chansonniers.

Il reste néanmoins des perles. Une des plus classiques concerne l'ivrogne qui passe une nuit à cuver son vin et qui est interrogé le lendemain : *Nous gendarme D..., ayant recouvré la raison, entendons...*

Alors qu'un P.V. de 1934 débutait ainsi : *En raison de son état de grossesse, Mme P... nous déclare verbalement...*

Un gendarme adorait les expressions recherchées et les mots un peu compliqués. Pour lui, les cheveux roux étaient *rubescents.* Un jour, il fit dire à une fermière des environs de Toulouse : *Je suppute...* Hélas! au moment de la relecture, la brave dame prit très mal la chose. Folle de rage, elle refusa de signer une déclaration semblable et c'est tout juste si elle ne lâcha pas ses chiens.

Les serviteurs de la loi doivent rapporter exactement ce qu'ils ont vu ou entendu. Je ne suis donc pas d'accord avec *le Manuel du gendarme pour servir à la rédaction des procès-verbaux* (1) quand il affirme : *S'il est essentiel de ne pas altérer en quoi que ce soit la déclaration d'une personne, témoin ou inculpée, il n'est pas indispensable de rapporter textuellement les fautes commises contre la langue.*

Cette façon de faire est un véritable attentat aux perles, contre lequel je m'élève avec indignation. Heureusement, la plupart des déclarations sont enregistrées fidèlement :

Je suis représentant de porcelaine en matière plastique.

Je porte des lunettes car je vois mal de l'œil gauche. Ce dernier est en fait un œil de verre.

J'ai perdu une heure de travail, ainsi que mon petit-fils que j'estime à 60 francs.

Il y a également les perles que les gendarmes font eux-mêmes.

Dans l'Yonne : *Le cyclomoteur a été découvert enfui dans l'herbe.*

Dans la Creuse : *On trouva sur lui un portefeuille en peau de marocain.*

En Tunisie : *Nous avons remarqué un homme qui avait les apparences d'un cycliste, vu qu'il était juché sur un vélo.*

Au Maroc, vers 1935 : *C'est indigène est alors parti en proférant des menaces avec la main.*

A Blois : *Le travesti se déguisa d'abord en civil.*

Un procès-verbal est en principe dactylographié sur un imprimé, en haut duquel figure : *Nous soussigné(s)... vu*

(1) Publié par Henri Charles-Lavauzelle. Edition de 1844.

l(es) article(s)... du code de procédure pénale, rapportons les opérations suivantes que nous avons effectuées, agissant en uniforme et conformément aux ordres de nos chefs. Formule qui devint en 1952, par la grâce d'un gendarme auxiliaire de Côte-d'Ivoire : *Revêtus de notre uniforme, cons forcément par ordre de nos chefs.*

Cette perle ne doit bien entendu pas être prise au pied de la lettre, car, m'a fait remarquer un adjudant :

– Dans la gendarmerie, il y en a autant que partout ailleurs, mais il n'y en a pas plus.

Une fois recueillie la déclaration du témoin ou de l'inculpé, on ajoute : *Lecture faite, persiste et signe,* et non pas : *Lecture faite, persiste et saigne,* comme l'écrivit un jeune gendarme. Ce qui aurait pu faire croire à un interrogatoire un peu trop sévère.

L'objet d'un procès-verbal est résumé par une courte formule, placée en haut et à gauche du texte. Ce n'est pas toujours facile.

Un avion avait franchi le mur du son. Le bruit réveilla un chien qui s'enfuit et provoqua la chute d'un cyclomotoriste. D'où P.V. à l'encontre du propriétaire du chien. Mais ce n'est qu'après avoir longuement hésité que Pandore écrivit : *OBJET : Accident provoqué par un chien suite franchissement du mur du son.*

En tête de son procès-verbal, un jeune gendarme de Pithiviers tapa sans la moindre virgule : *Délit de chasse avec chien sans permis de chasse.* Tandis qu'un autre tapa *délit de cuite* au lieu de *délit de fuite.*

L'auteur du P.V. peut vouloir s'amuser. Un gendarme de Bagnères-de-Bigorre avait verbalisé à maintes reprises un ivrogne qui faisait du vélo. Jusqu'au jour où, las d'inscrire *ivresse,* il changea de formule et écrivit : *Chargement susceptible de déséquilibrer le véhicule.*

Contrairement aux apparences, ce P.V. breton, rédigé en octobre 1976, ne s'intitule pas : « Mauvais traitement à un animal domestique. » On y lit pourtant : *Je reconnais que je suis en java; j'ai bu 3 bières et un digestif. J'arrose le persan d'un collègue.*

Il s'agissait bien entendu du Père Cent, coutume dont j'ai longuement parlé dans *la Foire aux bidasses.*

Des gendarmes de l'Allier avaient trouvé un pigeon voyageur et ils firent le rapport d'usage : *Le volatile avait la queue coupée. Il semblait triste.* D'où cette annotation du capitaine : *Mettez-vous à sa place.*

Car les perles n'arrivent pas toujours à la surface. Elles sont interceptées, soit à l'échelon de la compagnie, soit plus souvent à l'échelon de la brigade. Curieusement, certains gradés ont été réticents pour me communiquer les bourdes qu'ils trouvaient :

– Cela va nous ridiculiser!

Comme si toutes les professions n'avaient pas leurs perles! Des jeunes gendarmes à qui j'ai rendu visite le savaient et ils furent les premiers à demander à l'adjoint du commandant de brigade :

– Chef, vous lui avez donné nos fautes?

Ils en riaient encore, bien que leur production comportât surtout des classiques. Mais il faut encourager les bonnes volontés et je citerai cette déclaration : *Je précise que ma sœur est en sainte.*

Chaque circonscription régionale de l'Arme publie un ordre du corps, dans lequel figurent les promotions, les décorations et autres informations techniques. Certains ordres du corps sont agrémentés de dessins humoristiques fort bien venus et de perles. Par exemple, *des portes montées sur gongs* ou, dans une liste d'objets volés, *un jambon cru entier, à demi consommé.*

Il est indéniable que les perles ont un intérêt pédagogique et je pense que ce livre sera un jour au programme des écoles de gendarmerie. Il y a bien des extraits de *la Foire aux cancres* dans un recueil de morceaux choisis destiné aux élèves de cinquième (1).

Les commandants de brigade n'ont pas forcément le temps de lire tous les procès-verbaux et un juge de Seine-et-Marne m'a cité *une salle à manger en rideaux de style ancien.* De quoi faire retourner Henri II dans sa tombe! Alors que d'Artagnan aurait sûrement été étonné par *une chemise blanche nylon à poignée mousquetaire.*

Chacun sait ou ne sait pas que la réglementation des boissons alcooliques a été modifiée par un décret en date du 7 janvier 1959, dont l'article 4 concerne l'ivresse. Dans son P.V., un gendarme de Seine-et-Marne s'était appuyé sur la réglementation antérieure. D'où une note du capitaine adjoint au commandant de groupement : *L'ivresse est réprimée par l'article 4 du code des débits de boissons et de lutte contre l'incendie.* Ce qui fit dire à un maréchal des logis-chef :

– Le capitaine a peut-être pensé à ceux qui ont le feu dans la gorge.

En 1964, sans doute pour faire des économies de papier, la marge prévue sur les P.V. fut réduite de six à quatre centimètres. Un gendarme de la Haute-Marne ayant oublié de suivre cette directive, son P.V. lui revint avec une annotation de l'adjudant, adjoint au commandant de compagnie : *A refaire par économie de papier.*

Le temps n'est pas tellement lointain où, toujours par mesure d'économie, on réutilisait les vieilles enveloppes. Un

(1) *Textes et activités de français* (classe de 5ᵉ) par Juliette Labeyrie, Henri Mitterand et Michel Pougeoise (Editions Nathan).

jeune gendarme, frais émoulu de l'école, fut affecté en Alsace où le commandant de brigade lui dit :

– Vous me retournerez ces enveloppes.

Le soir, le planton se plaignit d'avoir beaucoup de courrier. Pour une bonne raison, le jeune gendarme avait bien retourné toutes les enveloppes mais à l'expéditeur.

***

– Bonjour, brigadier.

Ceux qui, en 1977, emploient encore cette appellation commettent un anachronisme. En effet, la gendarmerie française a supprimé les brigadiers depuis février 1918. En 1977, le gendarme porte un ou deux galons en V, selon son ancienneté. S'il en a trois, c'est un maréchal des logis-chef.

Paul Guth a raconté, lors d'une interview à la radio, qu'il avait « toujours su qu'il fallait adorer et respecter les gendarmes », mais qu'il « tomba dans des abîmes de respect » quand, pendant son service militaire, un adjudant expliqua que tous les gendarmes avaient le grade de sous-officier.

– Et alors, dit Paul Guth, je leur décochais des saluts militaires à m'arracher le bras.

Contrairement à ce qu'imaginent certains, il n'est pas nécessaire d'être deux pour constater une infraction.

Sur le marché d'une petite ville de Moselle, un gendarme dressa procès-verbal à un commerçant dont la balance n'était pas réglementaire.

– Vous ne pouvez pas me verbaliser, dit le marchand, car vous n'avez pas votre pistolet.

Il alla jusqu'au tribunal pour défendre sa thèse et perdit bien entendu car, rappela le juge, « un gendarme est en service vingt-quatre heures sur vingt-quatre ».

L'ŒIL DU GENDARME

En 1929, quelque part en Bretagne, un homme fut surpris en train de voler du charbon : *A notre vue, il prend la fuite. Nous nous lançons à sa poursuite et le rejoignons après une course de trois cents mètres environ. Il nous déclare : « Et si j'ai pris la fuite lorsque je vous ai aperçus, c'était pour m'éviter le délit que je commettais. »*

Le décret du 20 mai 1903 rappelle que *la gendarmerie surveille les mendiants, vagabonds et gens sans aveu parcourant les communes et les campagnes.* Lesquels ne sont pas toujours satisfaits des vérifications d'identité dont ils sont l'objet.

– Si vous récalcitrez, disait un pandore, je vous contraindrai à obtempérer en vous emmenant à la brigade.

Les contrôles doivent être minutieux. Comme l'expliquait un élève gendarme : *Pour vérifier l'authenticité de la pièce d'identité, je vérifie si le signalement s'applique bien au personnage intéressé et si lui non plus ne présente pas des traces de falsification.*

A l'époque de la guerre d'Algérie, il fallait avoir l'œil sur d'éventuels trafics d'armes. Or tous les jours, à la même heure, un mystérieux camion bâché quittait une ferme du fin fond de l'Auvergne (1). D'où barrage :

– Ouvrez la bâche.

– Pas tant que je serai vivant!

Ils étaient six, bras croisés. Un long palabre s'engagea, puis le chef de la bande finit par dire :

– Jurez de ne révéler à personne ce que vous allez voir dans le camion et vous pourrez le visiter.

Les gendarmes jurèrent et, devant leurs yeux stupéfaits, apparut le prototype de la DS Citroën.

(1) Cette histoire a été racontée dans le *Bulletin de la Société nationale des anciens et amis de la gendarmerie,* octobre 1973.

– Vous comprenez, expliqua alors le chef des essayeurs, on vous avait pris pour des journalistes déguisés en gendarmes.

Vers 1952, des pandores de la Marne signalaient : *Étant de service devant notre caserne, nous avons aperçu un suspect dont nous avons diagnostiqué qu'il n'était pas du village, car il était bien habillé. Nous l'avons interpellé. Sommé de décliner son identité, il n'a pu présenter de carte d'identité.*

Nous l'avons alors amené au bureau de notre caserne où pressé de questions il nous a finalement avoué : « Si je n'ai pas de carte, c'est parce que je viens de m'évader de la salle des détenus de l'hôpital de C. Quant au costume dont vous appréciez tant la beauté, je l'ai volé avant de partir au vestiaire de l'hôpital. »

Vers 1950, dans l'Ain, les enfants de l'école maternelle entendirent une sirène.

– Maîtresse, vous avez entendu?

– Oui. Vous savez pourquoi la sirène sonne?

– C'est pour appeler les gendarmes.

– Ils vont faire un barrage.

Bonne occasion d'expliquer ce mot et de demander aux élèves comment une route peut être barrée. « Avec un arbre », dit l'un. « Avec une auto renversée », dit l'autre.

– Mais non, s'écrie Jean-François qui est fils de gendarme, vous n'y comprenez rien. On barre la route parce qu'il y a un bandit qui s'est barré.

S'évader est le rêve de tous les prisonniers. Certains y arrivent, comme cet unijambiste qui, en 1976, se servit de sa prothèse métallique pour forcer la porte de la chambre de sûreté d'une gendarmerie pyrénéenne.

Je n'ai pas eu communication du rapport rédigé à la suite de cette évasion, mais j'en ai un concernant un détenu hospitalisé : *Le prisonnier s'est évadé en sautant par la fenêtre et en fracturant le grillage anti-moustiquaire.*

Tandis qu'ailleurs on peut lire : *Cherchait à s'évader des locaux de sûreté, disant qu'il voulait aller voir sa mère. L'intervention de quatre gendarmes a été nécessaire pour ramener le prisonnier à la maison.*

Quand le fugitif n'est pas repris, on diffuse un avis. Par exemple : *Rechercher B..., infirme se déplaçant sur fauteuil roulant manuel. S'est évadé locaux brigade de B... où il était en garde à vue.*

Il arrive que les évasions se terminent tragiquement. Au chapitre des « faits particulièrement méritoires », *le Grand Livre historique de la gendarmerie nationale* (1) cite ce cas datant de 1911 :

Le 1er décembre, le maréchal des logis Delouche et un gendarme transfèrent, de Paris à Bordeaux, un prisonnier dangereux. En cours de route, ce dernier réussit à s'échapper et, passant par une fenêtre, tombe sur la voie où il demeure inanimé. Le maréchal des logis tire une sonnette d'alarme qui ne fonctionne pas. Alors, estimant que le devoir professionnel ne lui permet pas d'abandonner son prisonnier, le brave sous-officier s'élance hors du train, qui roule à ce moment à quatre-vingts kilomètres à l'heure, et, en tombant, se fracture le crâne.

***

Dans son numéro du 25 septembre 1887, *l'Écho de la gendarmerie nationale* publia une lettre d'un habitant d'Espezel (Aude), signalant *la noble et courageuse conduite du gendarme Cabana,* face à un malfaiteur armé.

(1) Édité en 1939, sous la direction de Georges Lélu.

Sans s'occuper du danger qu'il peut courir, il s'avance sur lui, se met à sa poursuite, lui fait la chasse à travers champs d'abord et dans les rochers ensuite pendant une grande heure, roule avec lui dans d'affreux précipices, se relève meurtri mais non découragé, le prend enfin après l'avoir vaincu et le conduit au milieu du village aux applaudissements de la population qui assistait, haletante et émue, à ce spectacle émouvant et d'autant plus dangereux que l'on savait le malfaiteur armé. Heureusement pour notre brave gendarme que les armes dont était muni son triste client lui sont tombées pendant la course effrénée qu'il s'est forcément imposée.

Le brave Cabana avait d'autant plus de mérite qu'à cette époque-là l'uniforme n'était guère pratique pour courir après les délinquants. *Le Moniteur de la gendarmerie* (21 octobre 1883) raconte l'histoire de deux gendarmes de l'arrondissement de Corte (Corse), lancés à la poursuite d'un bandit. A la suite d'un saut malencontreux, un des pandores se retrouva accroché à une branche par sa banderole de giberne.

Le second gendarme, ne parvenant pas à décrocher son camarade, fit appel au bandit qui, brave homme, voulut bien apporter son aide, à condition de reprendre ensuite son avance.

N'est-ce pas la solution toute trouvée du banditisme? ironisait l'auteur de l'article. *Au lieu de mettre des banderoles sur le dos des gendarmes, mettez-les sur le dos des bandits, il n'en échappera aucun.*

Non seulement certains malfaiteurs s'échappent, mais il leur arrive de tuer leurs poursuivants, comme le prouve cette stèle située en bordure de la nationale 20, à une dizaine de kilomètres au sud d'Étampes : *Le 31 janvier 1912 a été tué par un bandit Elie-Jules Dormoy briga-*

dier de gendarmerie à Angerville. Tué en service commandé sa mort est un exemple.

Le brigadier avait été abattu en voulant arrêter deux malfaiteurs qui venaient de commettre un cambriolage à Orléans. Le maire d'Angerville, M. Desmolins, eut alors l'idée d'un monument destiné à *glorifier le corps de la gendarmerie.* Orléans, Saint-Germain-en-Laye, Etampes votèrent des subventions.

Lorsque la question fut discutée par le conseil municipal d'Angerville, M. Mauguin déclara qu'il ne voyait pas pourquoi on subventionnerait un monument pour le brigadier : *C'était son métier, il était payé et en s'engageant dans la gendarmerie, il savait bien à quoi il s'exposait. Si c'eût été un soldat, la chose était différente. Nous autres aussi, cultivateurs, sommes exposés tous les jours avec nos animaux.*

Un autre conseiller, M. Houdy, craignait que *l'érection du monument à l'endroit écarté où avait été tué le brigadier ne lui soit fatale. Les chemineaux qui passent journellement le dégraderont.*

Le maire, M. Desmolins, dit qu'*en effet, il est regrettable que le brigadier n'ait pas été tué à Angerville!!!* (1).

Finalement, il y eut une stèle sommaire à l'endroit où périt le pauvre Dormoy et un monument tout en marbre, réalisé par un homme de l'art, à Angerville même.

Les gendarmes ont rarement droit à un monument. Quelques lignes dans le journal local, parfois un flash à la télévision, une médaille sur un cercueil et un nom de plus s'ajoute à la trop longue liste des victimes du devoir.

En 1976, la brigade de Draguignan fut appelée à la suite

(1) Les trois points d'exclamation figurent sur le registre de délibérations (séance du 25 mai 1913).

d'une rixe sur la voie publique. Les antagonistes étaient deux dames âgées respectivement de 76 et 81 ans.

Il y a des clients plus redoutables. *S'approchant des gendarmes, il a pris la position de mise en garde ajoutant : « Venez, je vais vous faire une prise. Je suis ceinture noire de judo, car je suis deuxième dame de judo. »*

Heureusement, les gendarmes ont appris à se défendre. Comme l'expliquait l'un d'eux : *Il n'est maîtrisé qu'avec difficultés et que par l'application de l'exercice n° 7, chapitre II du « Manuel d'exercices physiques spéciaux », soit clé à l'épaule et flexion forcée du pouce.*

– Ce souci de précision peut paraître ridicule, m'a dit l'officier qui me communiquait le P.V., mais l'auteur tenait à montrer que l'homme avait été immobilisé régulièrement et légalement.

J'ai pêché dans le sottisier du barreau d'Orléans le texte complet d'un P.V. dont j'avais déjà cité un paragraphe dans *Vingt cancres après* et qui fut pondu le 1er décembre 1941 par un gendarme du Loiret :

Étant à notre caserne, nous avons été prévenus téléphoniquement par M. H.... qu'un homme se trouvait chez lui et les menaçait de mort en les mettant en joue avec un revolver et qu'en conséquence il demandait notre intervention immédiate. Nous nous sommes immédiatement rendus sur les lieux où nous avons constaté ce qui suit :

En face de la maison d'habitation de M. H... se trouve un rassemblement d'une quinzaine de personnes. Parmi ce rassemblement se trouve un individu en état de surexcitation lequel tient en joue tout ce rassemblement. Cet individu semble tenir un pistolet à la main.

En présence de ces faits, le gendarme T... en dégainant son arme crie : « Haut les mains, les gendarmes. » Cet individu de répondre : « Quoi! Les gendarmes? Au large ou je tire » et fonce à toute allure sur le gendarme C... qui l'a esquivé.

Cet individu d'une surexcitation excessive maintient toujours le rassemblement en joue, criant : « Je vous brûle. »

Le gendarme C... s'étant approché à nouveau de cet individu, ce dernier lui a crié : « Attention, je tire » et veut foncer à nouveau sur le gendarme.

A ce moment-là, par un moment d'inattention de cet individu, lequel porte un large pantalon à « pattes d'éléphant » et des pattes de lapin à la figure de 5 centimètres de long, le gendarme L... ceinture adroitement par-derrière cet énergumène. Tous deux roulent à terre. Quelques secondes après, une quinzaine de personnes sont sur cet individu et le molestent.

Au moment où nous avons voulu lui arracher le pistolet des mains, nous avons constaté que : au lieu que ce soit une arme que cet individu tenait dans sa main droite, c'était uniquement une blague à tabac vide arrangée de façon à imiter un revolver.

Nous avons fouillé minutieusement cet individu et l'avons enchaîné.

Certes, on peut sourire de la façon dont sont rédigés certains P.V., mais l'arrestation d'un individu dangereux n'est drôle que de l'extérieur.

Un commandant de brigade avait appris qu'un homme couchait dans un wagon, à la gare. L'homme possédait un gros chien et un fusil avec lequel il avait déjà tiré sur les gendarmes.

– Nous avons cerné le wagon, puis j'ai pris avec moi le plus jeune, et je vous assure que j'aurais bien laissé ma place à un autre, mais j'étais le chef, il fallait y aller! Nous avons ouvert la porte à la volée et j'ai sauté dans le wagon, en disant à l'homme : « La première balle sera pour toi, la seconde pour ton chien. » Il a levé les bras et nous l'avons enchaîné.

De retour chez lui, le commandant de brigade rangea son pistolet, qui n'était pas l'arme qu'il utilisait habituellement. Auparavant, il retira le chargeur et il s'aperçut alors qu'il n'y avait pas une seule balle dedans.

★★★

Les gendarmes des brigades territoriales font du tir environ une fois par mois. En revanche, ils n'ont guère le temps de pratiquer le maniement d'armes.

– Ce n'est plus prévu? ai-je demandé à un commandant de brigade.

– Vous savez, s'il fallait faire tout ce qui est prévu, il y a longtemps que je serais mort.

L'époque est loin où le colonel arrivait à cheval et emmenait les pandores manœuvrer sur le champ de foire. En ce temps-là, les chevaux étaient examinés avec soin et gare à celui qui omettait de déclarer que son cheval avait buté!

Les inspections inopinées étaient plus redoutées encore que les inspections annoncées. En 1903, le commandant d'arrondissement n'avait trouvé personne à la brigade de Geaune (Landes). Il se rendit en ville, au-devant du planton, le gendarme S..., qui était à la poste.

Il le rencontra, dit le rapport, *dans une tenue bonne mais sans gants qu'il n'avait même pas pris en sortant de la caserne, intentionnellement sans doute, car à ce moment il se serait aperçu qu'il les oubliait.*

Le gendarme S... commandait la brigade en l'absence de son chef. La punition n'en fut que plus sévère : 14 jours de consigne.

L'ŒIL DU GENDARME

Un colonel des années 30 avait deux marottes : la position du fusil et la tenue des cols de vareuse. Il commençait par ramasser un caillou et le laissait tomber le long de l'arme, afin de vérifier si elle était parfaitement droite.

Le col de vareuse, muni d'une agrafe, devait joindre parfaitement. Ce que le colonel contrôlait à l'aide d'un petit morceau de bois qu'il avait toujours dans sa poche.

Au lendemain de la guerre, les cyclistes achetaient encore une plaque de vélo. Cet impôt a aujourd'hui disparu, au grand contentement de Pandore qui rechignait à le payer.

Certains commandants de compagnie fermaient les yeux. D'autres, en revanche, profitaient de l'inspection pour demander leur plaque de vélo aux gendarmes. Mais, comme ceux-ci se présentaient l'un après l'autre, une seule plaque servait souvent pour toute la brigade.

En 1977, les officiers sont devenus moins pointilleux dans leurs inspections, ce qui n'empêche pas qu'elles soient faites sérieusement. Un général m'a raconté qu'à l'époque où il était commandant de compagnie il visita une brigade de Savoie.

– Dites-moi, fit-il remarquer, ces contraintes par corps sont vieilles de plusieurs semaines. Qu'attendez-vous pour les porter?

– C'est impossible avant le printemps, répondit le commandant de brigade. Ici, l'hiver, on ne voit jamais le soleil.

Les règlements disaient en effet que les contraintes par corps, comme les arrestations, devaient être effectuées entre le lever et le coucher du soleil. Depuis, afin d'éviter les erreurs et les contestations, le lever et le coucher du soleil ont été fixés légalement à 6 heures et 21 heures pour toute l'année. En revanche, je pense que la circulaire ministérielle du 31 décembre 1858 est toujours valable : *Quand une contrainte par corps est décernée contre une personne insolvable et digne de compassion, les gendarmes peuvent surseoir à son incarcération, mais ils doivent s'abstenir de faire des collectes en sa faveur.*

★
★ ★

Un brave homme pêchait la truite dans une rivière des Cévennes, alors que la chose était interdite. Ayant fait une belle prise, il dit sans se retourner :

– Fils, passe-moi l'épuisette.

Le fils s'était éloigné et, à sa place, il y avait deux gendarmes qui, sans mot dire, passèrent l'épuisette. Quand le pêcheur voulut montrer la truite à son fils, il se trouva nez à nez avec les pandores et, de saisissement, il chuta dans la rivière. Il ne savait pas nager, si bien que les gendarmes durent sauter à l'eau pour le repêcher.

Je ne jurerais pas que tous les gendarmes respectent scrupuleusement les dates d'ouverture de la pêche ou de la chasse. Je peux néanmoins affirmer qu'un commandant de compagnie de l'Aveyron attendit le jour légal pour aller poser ses balances à écrevisses.

– Puisque vous avez une carte de pêche, venez donc avec moi, dit-il à son secrétaire.

En civil et pataugeant dans l'eau, les deux hommes n'avaient plus rien de gendarmique. Le secrétaire, qui parlait patois, engagea la conversation avec des gamins venus assister aux opérations. Soudain, il se mit à rire.

– Pourquoi riez-vous? demanda le lieutenant.

Lorsque les gosses se furent éloignés, le secrétaire expliqua :

– Je leur ai demandé s'ils avaient déjà mangé des écrevisses. Ils m'ont répondu que oui, mais leur père doit faire attention, « à cause de ces putes de gendarmes qui viennent même la nuit ».

Vers les années 30, un gendarme avait interpellé des automobilistes en panne du côté de Cléry-Saint-André :

– Nous cherchons une goupille, dit un des interpellés.

Il y avait des fusils dans la voiture et le gendarme dressa procès-verbal pour chasse en temps prohibé, précisant : *Les individus m'ont déclaré chasser la goupille, animal totalement inconnu dans nos régions.*

⁂

La gendarmerie a parmi ses multiples tâches celle de veiller aux heures de fermeture des débits de boissons.

– Nous laissons toujours une marge de quinze minutes, m'a dit un commandant de brigade. C'est ce que nous appelons le quart d'heure de Rabelais.

L'expression peut surprendre, mais après tout il est normal de laisser aux clients le temps de payer leur note. Rabelais, un jour où il était bien en peine de s'exécuter, avait fait croire qu'il voulait empoisonner le roi, provoquant ainsi l'intervention de la force publique.

En fait, celle-ci intervient plutôt pour mettre fin à une bagarre. Par exemple, un soir, en Alsace où, après quelques échanges de horions, un des antagonistes fut cueilli cent mètres plus loin.

L'homme, écrivit le gendarme de service, *se trouvait porteur d'une canette de bière, signe que l'orgie allait continuer.*

Certains ivrognes ont des idées bizarres. Un Roubaisien accepta de se laisser enfermer dans la chambre de sûreté, à condition de marcher à quatre pattes et en aboyant. Le lendemain, il ne voulut jamais croire qu'il avait aboyé. Car c'est un précieux privilège des ivrognes que d'oublier leurs incartades.

Dans une caserne de la banlieue nord de Paris, un architecte peu avisé avait construit une chambre de sûreté en béton avec une double porte d'acier. L'ensemble formait une caisse de résonance qui permettait à toute la caserne de profiter des facéties des ivrognes.

Ce fut le cas, en particulier, la nuit où emménagea un nouveau capitaine. Excédé, il finit par aller frapper à la porte de l'adjudant :

– Si vous ne pouvez pas l'empêcher de marcher, enlevez-lui au moins ses chaussures.

– Mais, mon capitaine, ce ne sont pas ses chaussures, c'est sa jambe de bois.

Le lendemain, aux aurores, l'ivrogne fut libéré avec les honneurs.

– Celui-là, dit le capitaine, la prochaine fois vous l'enverrez au commissariat.

Vers 1925, à Pithiviers, un ivrogne récidiviste de la bagarre avait été enfermé dans la chambre de sûreté, avant d'être conduit à la prison voisine. Or c'était le jour des élections et il exigea d'aller remplir son devoir civique.

A cette époque et jusqu'en 1945, les gendarmes, comme les autres militaires, n'avaient pas le droit de vote. L'ivrogne l'avait et il fallut bien le conduire.

★★★

En 1802, Napoléon Ier nomma Bon-Adrien Jeannot, dit Moncey, premier inspecteur général de la gendarmerie, avant d'en faire par la suite un maréchal d'Empire et un duc de Conegliano. En 1976, le nom de Moncey a été donné à un prix littéraire créé par la gendarmerie. Le livre couronné fut un roman policier de Pierre Nemours, *Mort d'un Chinois* (1), dont la couverture représente une ravissante Polynésienne en paréo et la poitrine nue.

J'ai demandé à M. Cochard, le directeur de la gendarmerie, si le choix d'une telle couverture n'était pas une prise de position en faveur du monokini?

– De toute façon, me répondit-il en souriant, il y a la bande du prix que l'on peut fort bien placer sur les seins de la Polynésienne.

Vers 1970, un colonel avait l'habitude de dire :

– Si les seins sont beaux, vous les contemplez. S'ils sont laids, vous les verbalisez.

Cette boutade est dépassée et, en 1976, sur les plages au moins, les poitrines découvertes ont cessé d'offenser la pudeur de la plupart des Français. En revanche, c'est d'une voix indignée qu'un habitant de Côte-d'Or déclarait :

– J'ai vu un Arabe se baigner en tenue d'Ève.

Tandis que l'on pouvait lire dans un P.V. : *Le sieur X... a été vu à plusieurs reprises dans son automobile et une posture délicatement amoureuse, en compagnie de cette Suzanne.*

Les apparences sont quelquefois trompeuses. En 1965, lors d'une patrouille de nuit sur une petite route de Lorraine, les gendarmes distinguèrent deux personnes en train de se déshabiller dans une voiture. Ils approchèrent quand soudain ils entendirent courir derrière eux. C'était deux jeunes gens, prêts à se jeter sur les gendarmes qu'ils prenaient pour des voyeurs. Car dans l'auto il y avait deux

(1) Édité par *Le Fleuve noir*.

demoiselles qui changeaient de robe avant d'aller au bal.

L'outrage public à la pudeur peut être le fait d'exhibitionnistes contre lesquels on verbalise, en mentionnant par exemple *un sexe en éruption.*

Une autre fois, c'est un ivrogne dont le pantalon, disait le P.V. du gendarme, avait *glissé de son emplacement habituel.* A la suite de quoi, un témoin déclara :

– Son accoutrement était tel que l'on pouvait voir ses parties sexuelles, mais je n'ai pas osé les regarder, ce qui fait que je les ai point vues.

Dans la Grèce antique, les inspecteurs chargés de la surveillance des lupanars d'Athènes étaient appelés « curateurs à la modestie des femmes ». Les gendarmes méritent moins ce titre que les spécialistes de la police des mœurs. Néanmoins, il leur arrive de constater : *Cette personne se livrait officiellement à la prostitution clandestine.*

Quant aux clients victimes d'une dame un peu trop avisée, ils ne s'en vantent pas toujours. Même pas le marchand de bestiaux (très très ivre) à qui une péripatéticienne demanda dix mille francs (anciens, bien entendu) et qui lui signa un chèque de dix mille francs nouveaux, ceux-là.

Dans les Ardennes, les gendarmes avaient découvert une jeune droguée qui, selon le P.V., *était vêtue de sa seule vertu.*

– On aurait pu ajouter, fit remarquer un lieutenant-colonel, et dépourvue de pièces d'identité.

Beaucoup plus répandu que la drogue, l'alcool est le père de bien des vices : *La fille A... se livre à l'ivrognerie ainsi qu'à n'importe qui.*

Jugeant une affaire de viol, un président de tribunal correctionnel disait :

– Les gendarmes allaités sont donc allés à cet endroit.

Il ne faut pas confondre le viol et l'attentat à la pudeur avec violence, dont les fiches techniques d'instruction donnent comme exemple : *Le fait de glisser hardiment la main dans le corsage d'une femme.*

Certes, le viol a toujours existé. Si l'on en parle davantage en 1977, c'est que les femmes sont plus nombreuses à oser porter plainte. *France-Soir* du 25 juillet 1976 raconta qu'une auto-stoppeuse allemande avait été violée par un automobiliste dont elle donna le signalement : *Il porte la barbe en collier et il est amputé des deux jambes.*

Même quand il ne s'agit pas d'un cul-de-jatte, il n'est jamais agréable d'aller raconter ses malheurs aux gendarmes. En 1939, une Stéphanoise expliquait :

– Lorsqu'il m'a étreinte, il n'a prononcé aucune parole ayant trait au conjointement des deux sexes et ne m'a pas embrassée.

⁂

Ma nièce Marie-Eve (douze ans) est parisienne mais, venant de passer deux ans dans un chef-lieu de canton de Dordogne, elle m'a semblé compétente pour donner son opinion sur les gendarmes.

A mon avis, écrivit-elle, *je pense que nous sommes bien contents de les trouver, lorsque nous nous faisons attaquer dans la rue, quand nous nous faisons voler, quand une personne chère se fait assassiner, etc. Mais je les juge trop sévères au point de vue stationnement, ils mettent des contraventions pour un rien. Ils s'estiment un peu trop supérieurs au public. Cependant ils font respecter la loi et c'est à mon avis une bonne chose.*

Les enfants ont parfois maille à partir avec la gendarmerie. Un moutard de Brie-Comte-Robert avait mis le feu à quelques broussailles. Amené à la brigade pour y être sermonné, il entra tout tremblant et, sortant une pièce de cinq francs de sa poche, il dit :

– Tenez, messieurs, mais ne m'arrêtez pas.

Quand des enfants disparaissent, les gendarmes ne ménagent pas leur peine. Ce fut le cas près de Nîmes où le préfet prit lui-même la direction des opérations.

Les deux enfants étaient partis à bicyclette, ce qui rendait assez vaste le champ des recherches. Une centaine de gendarmes, autant de policiers, des chiens furent mis sur le pied de guerre. Sans succès jusqu'à ce qu'un officier de gendarmerie dise aux parents :

– Avez-vous fouillé votre maison?

– Ben, on les a appelés.

– Allons voir.

C'est comme cela que l'on trouva les vélos des enfants dans le garage et les enfants eux-mêmes, épuisés par leur course, dormant sur des sacs.

– Bah! dit le préfet, mieux vaut que les choses se terminent ainsi. Et puis cela aura fait un bon exercice pour tout le monde.

Le gendarme prit la main de M. de Rugès et la serra avec émotion : « Notre devoir est souvent pénible à accomplir et peu de gens le comprennent. »

Comtesse de Ségur : *Les Vacances.*

LE FLAIR DU GENDARME

EN 1923, le général Bonnet, commandant le 6e secteur de gendarmerie, eut l'heureuse idée de demander aux officiers, chefs de brigade et gendarmes du secteur d'exposer *les cas de flair policier* dont ils avaient été auteurs ou témoins.

Le résultat fut un petit opuscule, en tête duquel le général rappela que *les opérations et investigations de la gendarmerie doivent se faire discrètement et sans bruit. La police est comme l'estomac : quand elle fonctionne bien, on ne doit pas la sentir, à moins d'être coupable.*

A lire les cas cités, on se rend compte que les plus minces détails suffisent parfois à donner l'éveil et qu'en particulier la vérification minutieuse des pièces d'identité est importante.

Le 23 novembre 1922, le chef V..., de Ville-sur-Tourbe, interpellant un ouvrier étranger au pays, qui lui déclarait être né à Châteauroux où il avait vécu, disait-il, jusqu'à 20 ans, lui demanda incidemment : « Dans quel départe-

ment se trouve donc Châteauroux? » L'individu répondit : « Maine-et-Loire. » Cette erreur géographique augmenta singulièrement les soupçons et fut le point de départ de la découverte de l'identité de cet individu qui avait donné un faux nom et était inscrit au B.P.C. (1).

L'examen du registre des logeurs n'est pas moins utile : *En septembre 1921, de nombreux cambriolages étaient commis dans le département du Jura... La gendarmerie de Salins a des doutes sur un individu nouvellement arrivé qui ne travaille pas et qui se déplace parfois la nuit en automobile.*

Cet individu a porté comme profession sur le registre de logeur : CONTABLE. Cette faute d'orthographe attire tout particulièrement l'attention des gendarmes... Un vrai comptable n'écrit pas CONTABLE.

Et la faute d'orthographe aboutit à l'arrestation de sept dangereux repris de justice.

Une réflexion suspecte peut suffire à mettre sur la piste : *Le chef B..., de Sélestat, après une perquisition infructueuse pour découvrir un jambon volé, entend la personne soupçonnée dire au gendarme qui passait devant l'écurie : « Si j'avais volé le jambon, je ne l'aurais pas placé dans l'écurie. »*

Cette réflexion donna à penser que le jambon devait précisément se trouver dans cette écurie. Il y fut, en effet, découvert, enfoui à 2 mètres de profondeur, dans un tas de foin.

A cette époque-là, Pandore assurait un service de surveillance dans les gares. C'est ainsi que *le 20 juillet 1923, le*

(1) *Bulletin de police criminelle,* édité par le ministère de l'Intérieur et que la gendarmerie utilisait à une époque où elle n'avait pas encore ses propres fichiers.

gendarme J..., de Colmar, remarque un individu mal vêtu, portant une belle valise en cuir jaune.

Le gendarme pense que cette valise ne doit pas appartenir au porteur. Il le surveille et le voit l'offrir en vente à des voyageurs. Le gendarme intervient, questionne adroitement l'individu, sujet étranger, qui finit par avouer qu'il avait volé cette valise.

Le général Bonnet aurait certainement apprécié un cas de flair policier plus récent. C'était vers 1965, dans le Sarladais. Deux gendarmes remarquent une 4 L dans un bois.

– On n'a pas encore donné de numéros avec ces lettres-là, remarque l'un.

– Sûrement une voiture volée et maquillée!

Or le commandant de compagnie était très axé sur la chasse aux cambrioleurs de châteaux. Prévenu de la découverte de la 4 L, il jeta un coup d'œil sur une carte et repéra un château, quatre cents mètres plus loin.

Jamais cambrioleurs ne furent aussi étonnés de voir surgir les gendarmes! Et la prise se révéla bonne, puisqu'il fallut trois camions pour déménager les objets volés dans divers châteaux des environs. Le chef de la bande avait d'ailleurs une excellente mémoire et il fit obligeamment la répartition entre les propriétaires dont certains ne reconnaissaient pas leur bien.

***

Il y a des jours où les gendarmes ne savent plus où donner de la tête. Une enquête d'un côté, un accident de l'autre et puis un nouvel accident. Or c'est un soir de ce genre que le commandant d'une brigade rurale vit arriver une vieille paysanne :

– Mon mari a encore bu. Il veut se pendre.

– Qu'il nous foute la paix! On a autre chose à faire.

– Mais il est dans la grange, il est en train!

Le commandant de brigade fit un détour par la grange où il enguirlanda rapidement le vieux :

– On n'a pas le temps de s'occuper de toi. En ce moment, on va pour un accident. Alors, ne te pends pas aujourd'hui. Demain, si tu veux!

Le lendemain, la vieille était de nouveau à la gendarmerie. Son mari venait de se pendre. Le commandant de brigade se souvint alors de son « demain, si tu veux ». Un peu gêné, il s'excusa.

– Que voulez-vous, dit la veuve, fallait bien que ça se fasse.

Vers 1948, une Périgourdine arriva éplorée :

– Vite, vite, mon mari veut se suicider. Il va se noyer.

– Il aime trop le vin pour cela, dit un gendarme qui suivit tout de même la dame.

Le mari était bien en train d'essayer de se noyer, mais à sa manière. Assis devant une table, il plongeait sa tête dans une bassine d'eau et la ressortait, après quelques glouglous désespérés.

En cas de suicide, les gendarmes interrogent les voisins. Ainsi, à La Baule, en 1940, où l'un d'eux déclara :

– A mon avis, seules les souffrances sont les causes de sa détermination, car le ménage vivait dans l'intimité.

Tandis qu'en Côte-d'Or une dame affirmait :

– Le suicide de mon parent n'est sûrement pas accidentel.

Les témoins doivent néanmoins être utilisés avec prudence, car, comme l'a rappelé Me Émile Pollak (1) :

(1) Au procès de Pierre Goldman, d'après *le Figaro* du 4 mai 1976.

– C'est fragile comme un nouveau-né, un témoin! Il y a ceux qui voient mal, d'autres qui entendent mal. Il y a ceux qui croient avoir vu ou se persuadent d'avoir vu. Il y a celui qui est dépendant de son humeur, de ses passions, de ses convictions. Il y a même celui qui est fou. C'est cela un témoin.

Le 27 avril 1796, près de Melun, une malle-poste fut attaquée, deux hommes tués et sept millions d'assignats dérobés. L'affaire dite du Courrier de Lyon devait être résolue grâce à la remarquable enquête des gendarmes, en particulier du brigadier Huguet. Hélas! un ami rencontré par hasard amena Joseph Lesurques au milieu des témoins qui attendaient à la porte du juge.

Six témoins, dira l'acte d'accusation, *déposent contre Lesurques de la manière la plus énergique. Ce sont des domestiques qui l'ont servi, c'est un citoyen honorable qui assure avoir dîné avec lui et le reconnaître, tandis qu'un autre témoin se rappelle avoir raccommodé un de ses éperons avec du fil.*

Le 30 octobre 1796, Lesurques était décapité, victime de sa ressemblance avec le vrai coupable qui fut arrêté deux ans plus tard et exécuté à son tour.

En 1977, il y a sûrement des innocents dans les prisons, mais ce ne sont pas forcément ceux qui crient le plus fort. De toute façon, la justice ne peut renoncer aux témoins dont beaucoup sont dignes de foi, y compris probablement cet habitant de Blain (Loire-Atlantique) déclarant en 1937 :

– Il a même frappé assez fort, car moi qui ai l'oreille paresseuse, j'ai entendu le coup à 80 mètres, au moins.

Dans ses *Souvenirs de giberne,* Daniel Desbordes a cité une réflexion d'un conseiller à la cour d'appel, à propos d'un procès-verbal de gendarme :

– Ce n'est peut-être pas de la littérature, mais certainement un document clair, précis et dégagé de toute interprétation étrangère à son but qui est d'éclairer la justice sans chercher à l'influencer.

Les meilleurs P.V. ne sont pas à l'abri d'une perle. Il y a des classiques qui reviennent souvent, comme la découverte d'*un cadavre déjà mort* ou *ne donnant plus signe de vie.*

On m'a cité plusieurs fois *le carreau cassé aussi bien de l'intérieur que de l'extérieur.*

Autre classique : *Audition de la victime : la victime étant décédée n'a pu être entendue.*

L'important, comme le rappelait en 1884 *le Manuel du gendarme pour servir à la rédaction des procès-verbaux,* est de ne rien omettre, car *le plus petit détail peut souvent être un trait de lumière pour le magistrat.* Alors, allons-y pour les détails :

Nous remarquons plusieurs allumettes vertes, brûlées, dont le malfaiteur a dû se servir et d'autres indemnes.

Sur le tapis du salon, nous avons trouvé un étron de sexe masculin.

L'empreinte digitale de sa fesse droite était nettement visible dans le sable.

Bien entendu, les enquêteurs ne doivent pas oublier les pièces à conviction : *Plaçons le couteau sous scellé qui paragraphe avec nous.*

Les photos des lieux ont été prises par le gendarme X... qui sera joint au présent procès-verbal.

Un ancien greffier m'a raconté qu'en 1944 le tribunal militaire de Lyon reçut un P.V., œuvre d'un gendarme du Puy-de-Dôme : *Poursuivant nos investigations pour rechercher les auteurs du massacre de B..., nous avons découvert dans une clairière du bois de... un ceinturon allemand gravé au nom du dénommé Gott mit uns. Nous en concluons qu'un des auteurs des crimes de guerre commis à B... est un militaire allemand du nom de Gott mit uns* (1).

***

– Je suis agacé, m'a dit un général en retraite, de voir que les auteurs de films ignorent le vrai rôle des gendarmes. Ils en font des larbins du génial commissaire, ce qui ne correspond absolument pas à la réalité.

– C'est vrai, m'a confirmé un maréchal des logis-chef. Si un policier vient nous voir, nous lui donnons volontiers des renseignements, mais pas question d'être à sa disposition!

D'où la création du Prix Moncey, attribué en 1976 à *Mort d'un Chinois* de Pierre Nemours. Un roman policier un peu particulier, puisqu'il se passe dans une île du Pacifique, mais où Pandore, alias Jean-Marie Bastide, résout une difficile énigme.

Si Pierre Nemours a des émules, ils pourront affecter leurs héros aux B.R. (brigades de recherches) qui sont installées dans chaque département, à raison de deux, trois ou plus. Il y a là des gendarmes qui ont subi une formation particulière et qui disposent d'un matériel très moderne. Si une affaire s'annonce difficile, ils viendront à la rescousse.

Les simples gendarmes sont agents de police judiciaire de première catégorie comme les inspecteurs de police; les officiers de gendarmerie sont officiers de police judiciaire (en abrégé O.P.J.) comme les commissaires de police. Mais, en 1975, on dénombrait en outre 3 867 gendarmes et

(1) La devise GOTT MIT UNS (Dieu avec nous) figurait en 1914-1918 sur les ceinturons des Prussiens. Elle fut ensuite inscrite sur les ceinturons de la Wehrmacht.

9 083 gradés ayant passé l'examen leur donnant la qualification d'O.P.J., ce que les petits rigolos traduisent par *officier des pelouses et jardins.*

L'O.P.J. est habilité à effectuer certains actes judiciaires (interrogatoires, perquisitions, arrestations, etc.), soit en cas de flagrant délit, soit à la demande du procureur de la République et des autres magistrats.

Le diplôme d'O.P.J. est pratiquement indispensable au gendarme de la départementale qui veut décrocher ses galons de maréchal des logis-chef (1). Il lui apporte en outre une prime mensuelle qui, en juillet 1976, était de 15 francs, somme réduite à 12,60 francs, puis à 9,90 francs au fur et à mesure de sa montée en grade. Mais on peut toujours espérer que cette prime sera revalorisée un jour, à l'instar de la prime de responsabilité des officiers comptables qui, le 1er juillet 1975, a fait un bond de 4,20 francs à 43 francs.

J'ai demandé si l'examen d'O.P.J. était difficile.

– C'est assez raide! Y en a à avaler.

Avec quelques perles du genre : *L'individu traumatisé perd sa lucidité et ne résonne plus normalement.*

On m'a montré plusieurs gros dossiers que j'ai courageusement feuilletés et où j'ai appris beaucoup de choses. Par exemple, que les maires et leurs adjoints sont officiers de police judiciaire, sans subir d'examen autre qu'électoral. De sorte qu'en cas de crime dans sa commune, si M. le maire arrive le premier sur les lieux, il est théoriquement chargé d'ouvrir l'enquête. En pratique, il passe la main à la gendarmerie ou à la police.

De toute façon, dès qu'un crime est découvert, l'officier

(1) Dans la gendarmerie mobile et à la garde républicaine de Paris, les gendarmes passent un brevet d'arme qui leur est également nécessaire pour accéder au grade supérieur.

de police judiciaire doit prévenir le procureur de la République dont les services s'appellent le parquet et non *le plancher,* comme disait un brave gendarme.

Les lecteurs de romans policiers le savent : avant l'arrivée du parquet et surtout des techniciens, photographes, releveurs d'empreintes et autres, il ne faut pas effacer les indices éventuels. On m'a pourtant raconté que, vers 1960, un jeune gendarme, laissé de garde près d'un cadavre, crut bon de mettre de l'ordre dans la pièce.

– On ne pouvait pas accueillir messieurs les magistrats dans un foutoir pareil, dit-il.

J'avoue que j'ai eu quelque peine à croire cette histoire et elle est probablement unique dans les annales de la gendarmerie. Le jeune pandore eut tort de ne pas imiter la prudence d'un de ses aînés disant :

– J'aurais bien pris une initiative, mais je n'en avais pas reçu l'ordre.

En 1975, la gendarmerie a constaté 20 461 crimes. Il faut distinguer entre le meurtre qui est *le fait de donner volontairement la mort à autrui* et l'assassinat qui est *un meurtre commis avec préméditation.* D'où cette explication d'un élève gendarme :

– Un assassinat, c'est tuer quelqu'un avec conscience.

En cas de crime et pour certains délits, un juge d'instruction prend la responsabilité de l'enquête et se fait aider soit par la police soit par la gendarmerie, à qui il délègue alors ses pouvoirs au moyen d'une commission rogatoire. On peut se demander qui est le plus efficace de Pandore ou de Maigret.

– Cela dépend des cas, m'a dit un colonel. A la campagne, la grande force des gendarmes est leur connaissance des lieux et des gens. Mais elle les oblige à mener l'enquête avec prudence, donc souvent avec une certaine lenteur. Je pourrais vous citer une affaire très célèbre où le juge d'instruction s'est impatienté et a fait venir les policiers de Paris. Ils ont tout bouleversé et le capitaine de gendarmerie m'a dit : « J'avais besoin de trois jours de plus pour faire avouer le coupable. »

Les gendarmes sont un peu comparables au généraliste qui, connaissant bien son malade, répugne parfois à un traitement de choc. Si la famille trouve que la guérison tarde et fait appel à un spécialiste, celui-ci triomphera peut-être de la maladie, mais n'y aura-t-il pas des effets secondaires plus ou moins fâcheux?

Comme le généraliste, le gendarme n'est pas forcément infaillible :

– Je me souviens d'une affaire, m'a raconté un colonel, où j'avais un suspect qui correspondait parfaitement au signalement donné par les témoins. Pourtant, c'est le suspect de la P.J. qui finalement s'est révélé être le vrai coupable.

Dans certains cas, le juge d'instruction ne voit pas d'inconvénients à ce que Pandore et Maigret se marchent un peu sur les pieds, estimant que l'émulation, pour ne pas dire la concurrence, peut avoir du bon.

James Sarrazin raconte (1) qu'en 1967, après l'assassinat de deux enfants, près de Château-Thierry, *la compagnie de gendarmerie locale et un groupe d'enquêteurs du S.R.P.J. de Reims se livrèrent une lutte farouche. Grâce à l'avantage que lui donnait sa parfaite connaissance du terrain et des hommes, la première conclut l'affaire en 48 heures et arrêta le meurtrier.*

Récemment, les policiers d'une grande ville de la région Rhône-Alpes furent prévenus qu'un cambriolage allait

(1) *La Police en miettes* (Calmann-Lévy, 1973).

avoir lieu à deux heures du matin, dans un magasin de meubles. Ce n'était pas tout à fait leur zone de compétence, mais il était bien tentant de damer le pion à la gendarmerie.

En réalité, les policiers avaient été victimes d'un farceur et le marchand de meubles, qui dormait dans son magasin, les braqua avec un fusil de chasse :

– Mains en l'air et le dos au mur.

– Mais nous sommes de la police!

– Moi, ici, je connais que les gendarmes.

Ceux-ci arrivèrent vingt minutes plus tard et libérèrent quatre hommes furieux et qui auraient donné cher pour connaître le nom du farceur.

★★★

Quelque part sur la Côte d'Azur, M. le comte et Mme la comtesse avaient été porter plainte à la gendarmerie.

– Notre cuisinière et notre maître d'hôtel sont partis après nous avoir dévalisés.

L'enquête sur les lieux fut donc assez rapide et tout était terminé à l'heure de l'apéritif. Mme la comtesse offrit à boire et, un moment après, les gendarmes se levèrent :

– Nous allons vous laisser déjeuner.

– Nous ne déjeunerons pas, dit piteusement la comtesse, je ne sais pas faire la cuisine. Et pourtant il y a des œufs dans le réfrigérateur.

– Voulez-vous que je vous fasse une omelette? proposa un gendarme.

– Ce serait tellement gentil! Mais, dans ce cas, vous la partagerez avec nous.

Les gendarmes n'ont pas forcément le temps de faire un repas chaud.

– Quand on est sur le point de réussir, on bille. Il n'y a pas de montre, pas d'estomac!

Parfois, la nuit, on tend une embuscade : *Nous étant cachés près du poulailler, à 0 h 15, nous avons vu arriver trois hommes dont une femme...*

Vers 1960, des gendarmes surveillaient une église de Dordogne où l'on avait volé des tableaux anciens. Soudain, à trois heures du matin, une 2 CV s'arrête devant l'église. Deux hommes en descendent, dont l'un charge quelque chose sur son épaule. Au moment où l'un des hommes allait ouvrir la porte de l'église, les gendarmes foncent.

– Mais, mais c'est monsieur le curé!

Monsieur le curé un peu penaud, car il transportait du vin en fraude.

– Que voulez-vous, conclut le retraité qui me racontait cette histoire, nous lui avons donné l'absolution.

En Côte-d'Or, un automobiliste vient porter plainte et le gendarme note : *Le vol a été commis dans une voiture stationnée sous un lampadaire dont les portières n'étaient pas fermées.*

Parfois, la voiture elle-même a disparu. Si elle est retrouvée, le propriétaire signe une déclaration du genre de celle-ci : *Je reconnais être rentré en possession de ma Citroën n°... volée à Bourg, après accord du procureur de la République.*

L'argent est beaucoup plus difficile à récupérer et l'on devrait faire davantage confiance aux banques ou aux chèques postaux. Ne pas oublier non plus, comme l'a écrit un élève gendarme, que *les hommes en cols blancs sont souvent des escrocs.*

En 1976, un de ces hommes raconta à un couple de retraités qu'il venait enquêter au sujet de l'envoi d'un colis personnel de M. Giscard d'Estaing.

– Vous avez soixante-dix-huit ans, une retraite inférieure au minimum fixé, c'est parfait, je vous inscris pour un colis.

Après quoi, on parla du plan Barre et de ses modalités financières :

– J'espère, dit l'homme, que vous n'avez pas oublié de faire l'échange de vos billets.

– Nous ne savions pas. Est-ce trop tard?

– Oui, mais je peux vous arranger ça.

L'escroc repartit avec quinze mille francs (un million et demi d'anciens francs). Toutes les économies des crédules retraités!

Un autre escroc allait d'hôtel en hôtel, proposant d'acheter l'établissement. Lorsque l'accord était conclu, il feignait de s'apercevoir qu'il n'avait pas d'argent liquide sur lui. Il empruntait alors mille francs (cent mille anciens francs) et disparaissait.

Jusqu'au jour où les gendarmes l'arrêtèrent et où, avant d'aller en prison, il réussit encore à emprunter dix francs au capitaine qui venait de l'interroger.

★★★

La gendarmerie est une toile d'araignée où la mouche finit souvent par se faire prendre. Parfois elle est gobée grâce aux recoupements effectués par un C.R.R.J., alias Centre de rapprochement des renseignements judiciaires. L'utilisation du même chéquier volé, pour acheter une niche, un chien-loup et de la viande fraîche, peut être une piste suffisante. Toutes les brigades du secteur sont alertées et, une semaine plus tard, les voleurs se retrouvent sous les verrous.

Beaucoup de gens ne savent pas qu'en ville on peut aussi

bien porter plainte à la gendarmerie qu'au commissariat de police. Cela vaut également pour Paris, encore que les gendarmes parisiens s'occupent surtout du prolongement des enquêtes dans la capitale.

Les malfaiteurs qui opèrent en province vivent parfois à Paris ou bien y ont des attaches. Il suffit d'un rien pour qu'une enquête démarre. Par exemple, un coup de fil d'une brigade de l'Yonne, signalant que des gens essayent de vendre plusieurs manteaux de fourrure tout neufs. Or ces manteaux venaient de chez Christian Dior où un vol important avait justement été commis peu de temps avant.

La police était déjà sur le coup, mais elle n'avait aucune piste et, à Paris, la section de recherches de la gendarmerie obtint du juge d'instruction la commission rogatoire qui permit de terminer l'affaire.

Pourquoi, contrairement aux prescriptions formelles du règlement, y a-t-il à la caserne des Minimes une brigade dite de recherches qui opère en civil? La question provoqua l'indignation du *Moniteur de la gendarmerie* qui s'étonna que l'on ait trouvé des volontaires pour un tel service.

Cela se passait en 1884. Aujourd'hui, « les missions occultes », comme les appelait le décret du 1er mars 1854, sont toujours interdites et il existe toujours une brigade de recherches à la caserne des Minimes.

– Voyez-vous, m'a expliqué un officier, beaucoup de gens s'imaginent que, dans une enquête, le fait de porter l'uniforme est un handicap, mais les Parisiens nous disent parfois davantage de choses que si nous étions en civil.

Deux coffres-forts fracturés, l'un dans l'Yonne, l'autre dans les Yvelines. La technique est la même : utilisation d'une bâche pour camoufler les lueurs du chalumeau. Cette bâche, abandonnée sur les lieux, se révèle avoir été volée dans un chantier du XIXe arrondissement, à Paris. Les gendarmes font le tour des immeubles du voisinage et repèrent un truand notoire. Est-ce le coupable?

Un à un, les membres de la bande sont identifiés, mais il n'y a pas de preuves suffisantes. Il faut donc les prendre en flagrant délit. Un jour, les gendarmes apprennent qu'un casse est prévu dans un cinéma de Marseille. Cette fois, la police locale et la brigade antigang sont invitées à la petite fête par la section de recherches. Tout le monde descend à Marseille et les truands ne remarquent pas les voitures qui les doublent et les redoublent sur l'autoroute. A peine ont-ils commencé à percer le coffre, qu'ils sont arrêtés et une troisième bâche est récupérée.

La plupart des enquêtes demandent beaucoup de travail et, à la section de recherches comme ailleurs, on se plaint du manque d'effectifs. D'autant que les enquêtes ne sont pas toujours fructueuses. Chaque jour, le chef d'escadron, commandant la section de recherches, voit passer des listes d'objets volés et récupérés. Hélas! aucun ne fait partie de ceux dérobés dans sa maison familiale du Forez!

★
★ ★

Sur un P.V. de 1929, à Pontchâteau, on pouvait lire cette déclaration d'un suspect :

– Pour ma part, je suis étrangement innocent.

Il n'est pas toujours facile d'obtenir des aveux. Interrogé sur son emploi du temps, l'auteur d'un vol de voiture restait muet.

– Allons, vide ton sac, dit le gendarme excédé.

– Je suis désolé, je n'ai pas de sac.

Vers 1950, des gendarmes du Midi arrêtèrent un voleur qui avait dérobé trois millions, les économies d'un couple de commerçants de Cannes. L'homme avoua facilement, mais refusa de dire où il avait caché l'argent.

– J'étais alors jeune lieutenant, m'a raconté un colonel. M'estimant plus astucieux que mes gendarmes, j'affirmai que j'allais le faire parler.

L'homme parla en effet, mais pour déclarer :

– Mon lieutenant, ne vous fatiguez pas. Je ne vous dirai jamais où est l'argent. Pas d'effraction, pas d'escalade, pas de complice, pas d'arme, c'est un vol simple. Au pire, je vais prendre dix-huit mois. A la prison, je connais tout le monde. On me donnera un petit emploi tranquille et, comme je me conduirai bien, j'aurai une remise de peine. Au moins un tiers. Calculez, mon lieutenant, ça me fait deux cent cinquante mille francs par mois. Vous voulez changer contre votre salaire? (1).

Parfois, il suffit d'attendre que le coupable craque tout seul. Ainsi au Croisic, en 1933 : *Enfin nous nous perdons en conjectures. Nous lui posons en même temps des questions sur divers points sensibles, tout en restant dans les limites de notre droit. A ce moment notre interlocuteur se trouble, s'affale sur son lit en sanglotant et dit « oui, c'est moi ».*

– Pressé de coups de questions, le suspect avoua spontanément.

Cette formule ne doit pas faire croire que les gendarmes frappent ceux qu'ils interrogent. D'ailleurs, comme l'a rappelé un officier, en 1966, au cours d'une causerie faite à l'E.O.G.N. :

– Dans la gendarmerie, il est interdit de posséder une matraque et surtout de s'en servir.

Quand l'interrogatoire se prolonge, les gendarmes doi-

(1) A l'époque, le lieutenant gagnait 62 500 francs.

vent nourrir leur client. Des crédits sont prévus à cet effet, soit trois francs et quatre-vingt-huit centimes pour la journée, remboursables après présentation de factures en triple exemplaire.

Vers 1960, un jeune Vichyssois niait avoir dérobé un cyclomoteur, jusqu'au moment où le commandant de brigade décrocha le téléphone :

– Mes respects, monsieur le procureur, nous avons ici un jeune qui ne veut pas reconnaître le vol d'un cyclomoteur... Oui, monsieur le procureur, les témoins sont formels... Qu'on le fusille!... Vous croyez que c'est nécessaire?... D'accord, monsieur le procureur, puisqu'il ne veut pas avouer, nous allons le fusiller dans la cour.

Le jeune homme s'effondra alors en larmes et avoua. Car les ruses les plus grosses réussissent parfois. Dans l'opuscule consacré au flair policier, le général Bonnet a cité des trucs analogues. Ainsi, le 28 décembre 1920 où *deux gendarmes de Pierrefontaine (Doubs) enquêtaient sur le vol d'un billet de mille.*

Une femme, très fortement suspectée, niait énergiquement. Un des gendarmes conduisit cette femme dans la maison où le vol avait été commis; l'autre gendarme allait chez un notable et se faisait prêter un billet de mille. Il le présentait ensuite à l'inculpée en lui disant : « Voilà! Je viens de trouver le billet dans la cachette où vous l'aviez mis. Vous allez maintenant me montrer le chemin que vous avez suivi pour aller à la cachette. »

La femme, décontenancée, conduisit alors le gendarme à sa cachette où fut découvert le billet volé, à la grande stupéfaction de la voleuse.

***

L'École des officiers de Melun dispose d'un circuit de télévision qui permet d'entraîner les élèves à faire des exposés ou à répondre à des interviews. Car les gendarmes savent que tout événement important est suivi de l'arrivée des reporters de la radio et de la télévision. Il ne faut donc pas bafouiller.

– Croyez-vous aux O.V.N.I.? demandait Marie-Thérèse Cuny, lors d'une enquête pour Europe N° 1.

– En tant qu'homme, répondit le pandore interrogé, j'y crois, mais en tant que gendarme je dubite.

Ce n'était pas le cas d'un autre pandore qui expliquait :

– J'ai vu une soucoupe volante. Elle était ronde comme un ballon de rugby.

Outre ceux qu'ils ont pu voir eux-mêmes, les gendarmes enquêtent sur les O.V.N.I. que l'on a aperçus un peu partout en France. Selon les témoins, il s'agit d'une boule de lumière, d'un gros cigare, d'un boomerang, d'un nez d'avion, d'un chapeau breton, d'une roue de charrette ou encore de deux masses parallélépipédiques.

J'ai trouvé des descriptions dans les procès-verbaux que les gendarmes établissent avec beaucoup de soin, interrogeant non seulement les témoins, mais les voisins, ajoutant ici un croquis des lieux, là des photos et même parfois une explication du phénomène : *La présence de deux boules lumineuses s'explique par la conjonction des planètes Jupiter et Vénus prévue par les éphémérides astronomiques.*

En 1962, des gendarmes de Dordogne furent réveillés, à quatre heures du matin, par un chasseur.

– Les Martiens ont débarqué cette nuit près de Saint-Félix-de-Reillac.

Les gendarmes trouvèrent un groupe de chasseurs, fusil au poing mais à distance respectueuse d'un mystérieux appareil qui faisait bip-bip-bip. C'était un ballon-sonde.

LE FLAIR DU GENDARME

En 1975, dans le Haut-Rhin, un garçon de dix ans affirma avoir vu une boule lumineuse se poser dans un champ, sortir une pince et cueillir trois choux.

– Tout ça est une question de mode, m'a dit le professeur Hurdon. Autrefois, c'était la Sainte Vierge; aujourd'hui, ce sont les Martiens.

Mode ou non, en 1968, un Réunionnais de 21 ans vit dans une clairière *un objet de forme ovale et de couleur bleue transparente,* à l'intérieur duquel il y avait *deux personnages ressemblant à des bonshommes Michelin. Ils étaient coiffés d'un casque. Leur taille était de 90 cm à 1 mètre. Ils avaient les bras ballants...*

Les gendarmes interrogèrent ensuite l'épouse, une institutrice. Elle affirma que *son mari était très calme et ne consommait pour ainsi dire pas d'alcool. Presque illettré, il était impossible que son imagination ait été frappée par des livres ou des revues de science-fiction.*

– Notre enfant, ajouta-t-elle, est âgé d'un an et nous n'avons pas à la maison de revues telles que « Spirou » ou « Pilote ».

Pour avoir des preuves supplémentaires, l'officier qui dirigeait l'enquête fit appel au directeur de la Protection civile. C'est ainsi que l'on décela des traces de radioactivité sur les vêtements du Réunionnais et dans la clairière. En revanche, il n'y avait aucun indice de radioactivité dans le champ de maïs près duquel un autre Réunionnais ressentit brusquement *une chaleur étrange* (1).

– *Je ne pouvais faire un geste. C'est alors que j'ai aperçu un engin ayant la forme d'un grand chapeau ou d'une tasse posée sur une soucoupe renversée... Il est sorti de l'engin*

(1) Jean-Claude Bourret, qui a eu accès aux mêmes P.V. que moi, a cité intégralement celui-ci et bien d'autres dans son livre : *le Nouveau Défi des O.V.N.I.* (France-Empire, 1976).

un petit bonhomme bizarre de forme boudinée comme Michelin... Sur l'escalier, il avait l'air d'être à l'aise, mais dès qu'il s'est trouvé à terre sa démarche est devenue gauche. Le sujet se déplaçait à pieds joints. Un deuxième, puis un troisième petit bonhomme ont rejoint le premier. Celui-ci grattait le sol. Je ne l'ai pas vu mettre de la terre dans le sachet également brillant que tenait le second.

Soudain, le troisième bonhomme aperçoit le jeune Réunionnais et, dit celui-ci, *j'ai été projeté en arrière par un puissant éclair. J'ai pu voir les petits bonshommes remonter plus vite que pour descendre. L'échelle s'est escamotée faisant un bruit hydraulique.*

Le malheureux perdit un temps la parole et la vue. Sa mère lui donna de la tisane de romarin et le médecin parla d'un mauvais choc.

Bien entendu, les gendarmes interrogèrent l'entourage du jeune homme, dont sa fiancée qui déclara :

– Il ne lit absolument pas de livres ou revues scientifiques. Il ne se drogue pas... Ce n'est pas un garçon à faire parler de lui.

Alors? Alors, les spécialistes de la gendarmerie ne concluent pas. Simplement, pour eux, l'enquête continue.

La gendarmerie rend d'immenses services en France, son organisation y est aussi bonne et peut-être aussi économique que possible.
Boucher de Perthes : *Petit Glossaire,* 1835.

L'OREILLE DU GENDARME

GUY (quatre ans) avait remarqué l'antenne radio sur la voiture de la gendarmerie.

– Regarde, maman, dit-il, les gendarmes ont mis leur canne à pêche sur le toit.

Les brigades de gendarmerie disposent d'un réseau de transmissions par radio qui leur permet de ne pas être dépendantes de lignes téléphoniques dont les Français connaissent les caprices. La preuve en est cette phrase extraite d'une communication de service :

– Le chauffeur n'a pu les joindre par téléphone, étant en dérangement par l'orage.

Si elles sont plus rapides, les communications radio ne sont pas exemptes de perles. En 1953, un gendarme algérien apporta un message qu'il venait de recevoir :

– On nous demande un compte rendu sur l'air de la vache.

Il fallut un bon moment au commandant de brigade pour comprendre qu'il s'agissait de l'aire de lavage.

Vers 1958, des brigades d'Algérie avaient été interrogées sur leurs besoins en sacs à terre. L'une d'elles répondit : *Deux*. Elle avait cru qu'il s'agissait de secrétaires.

A Versailles, en 1965, le planton de nuit prit note d'un avis de recherches, au sujet d'un homme amnésique. Ce qui devint : *Recherchons un homme à musique.*

Lorsque l'on transmet un télégramme, on demande parfois de collationner, c'est-à-dire de répéter le texte pour vérifier qu'il a été bien compris.

– Collationnez, avait-on dit à un jeune gendarme.

Lequel alla déjeuner, car pour lui il n'y avait pas d'autre collation que celle consistant à manger.

Dans la Nièvre, un gendarme d'une brigade territoriale décroche le téléphone :

– Allô, ici la B.T.

– Excusez-moi, mon père, je me suis trompé de numéro.

Vers 1920, un gendarme alsacien épelait :

– P comme Baptiste.

Un pandore, près de la retraite, tenait le standard de la gendarmerie de Melun. Bien entendu, quand le colonel désirait un numéro, il était servi en priorité.

– Passez-moi le groupement de l'Eure.

– Tout de suite, mon colonel.

Quelques secondes plus tard, le colonel entendit :

– Au quatrième top, il sera exactement...

***

Sous le premier Empire, lorsque Fouché redevint ministre de la Police, il voulut annexer complètement la gendarmerie. Certes, il pouvait l'utiliser dans de nombreux cas, mais il ne la commandait pas. En outre, les renseignements venus de tous les coins de France aboutissaient à Moncey qui, chaque jour, à onze heures, présentait un résumé à Napoléon Ier.

Fouché fut bien des fois battu sur le poteau. De sorte que, lors d'un litige entre le ministère de la Police et Moncey, Napoléon Ier écrivit à propos de ce dernier : *Je ne suis instruit que par lui positivement et nettement, de ce qui se passe en France.*

Aujourd'hui encore, les brigades de gendarmerie sont autant d'antennes qui permettent aux autorités de se faire une idée de l'état d'esprit des Français. Par exemple dans l'Yonne, en 1972 : *Mentalité de la population : Aucunes mœurs spéciales à noter dans la population.*

Ou encore du côté d'Apt, en 1975 : *Circonscription calme. Les cultivateurs sont occupés à récolter leurs melons. Aucun de ceux-ci ne pense à manifester pour le moment.*

En octobre 1877, après la dissolution de la Chambre des députés par Mac-Mahon, le gouvernement mit tout en œuvre pour battre les républicains. Comme aux plus beaux jours du second Empire, on utilisa les gendarmes qui, sur ordre du préfet, devaient coller les affiches des candidats officiels et arracher les autres. De bons apôtres prétendaient d'ailleurs qu'en cas de victoire les républicains supprimeraient l'armée et la gendarmerie.

Au lendemain de la défaite des monarchistes, Gambetta protesta avec véhémence contre de tels agissements :

– Messieurs, voilà ce que l'on répand dans les rangs du corps le plus méritant, le plus nécessaire, le plus utile, le mieux recruté et qui devrait être le plus sévèrement tenu à l'écart de nos querelles politiques.

D'où la circulaire ministérielle du 31 août 1879, disant qu'*en aucune circonstance, la gendarmerie ne doit fournir, à aucune autorité quelle qu'elle soit, des rapports ayant trait à des questions qui touchent à la politique.*

Il faudrait aussi, comme l'a rappelé M. Cochard, en décembre 1975, *mettre un terme à certains abus qui font des gendarmes les bonnes à tout faire de l'Administration.*

Et l'on ne citera jamais assez la lettre que Napoléon écrivait, le 26 juin 1812, au major général de la Grande Armée, à Kovno : *Je ne vois pas pourquoi des gendarmes seraient employés pour garder des bagages; toute espèce de troupes peut garder des bagages.*

Il n'empêche que les gendarmes sont souvent dérangés et leurs chefs également.

– Lorsque j'étais commandant de compagnie, m'a raconté un officier, je dînais parfois avec un ami médecin. Nous nous amusions à parier lequel serait appelé le premier à l'extérieur. Eh bien, c'était moitié moitié. Il arrivait d'ailleurs assez souvent que nous soyons obligés de partir tous les deux ensemble, laissant nos épouses au sous-préfet qui participait d'ordinaire à nos réunions et qui, lui, n'était jamais dérangé.

Chacun à leur échelon, le commandant de brigade, le commandant de compagnie et le commandant de groupement sont invités aux manifestations officielles dont la gendarmerie assure le service d'ordre. Y compris l'inauguration d'une moto-pompe, à propos de laquelle l'invitation (pourtant pas imprimée au Far West) précisait : *La cérémonie sera suivie d'un lynch.*

***

En 1951, un citoyen des environs de Marseille m'a expliqué :

– Les gardes champêtres, ils doivent avoir une plaque

posée à gauche qu'on se la voit. Ceux qui l'ont pas, c'est le Deuxième Bureau.

Pendant les heures de service, les gendarmes sont tenus de rester en uniforme et de se renseigner auprès de « la partie saine de la population ». Or c'est tout un art que de savoir écouter, afin de glaner, entre dix choses insignifiantes, un renseignement utile.

Les gendarmes mobiles qui préparent le brevet d'arme apprennent en quoi consistent les visites de commune. D'où quelques réponses perlières :

Quel est le but de la visite de commune?

Le gendarme doit créer un climat d'insécurité dans les différentes communes.

Pourquoi double-t-on les visites de commune par des patrouilles de durée réduite?

Quand les gendarmes sont partis, il n'y a plus de danger.

Comment doit se faire la visite de commune?

Elle doit se faire à la hurlante.

Cette dernière réponse est due à un élève pandore, mais rien ne vaut la pratique et c'est en compagnie d'un ancien que l'on apprend vraiment les ficelles du métier. En 1946, près de Toulouse, un jeune gendarme déambulait vélocipédiquement et à l'allure lente, en compagnie de son chef de brigade.

– Vous voyez ce gars, dit le chef en désignant un homme qui labourait son champ. Eh bien, il n'aime pas les gendarmes. On va essayer de le faire parler quand même.

Le chef descendit de vélo, dégonfla son pneu arrière et continua à pied jusqu'à hauteur du laboureur. Arrivé au bout de son rang, celui-ci regarda ironiquement ce gendarme qui démontait un pneu. Au rang suivant, il constata avec satisfaction que le gendarme avait des difficultés avec sa chaîne.

Encore un rang! Cette fois, tout était réparé. Le chef roulait une cigarette. Pour faire tourner ses bœufs, le laboureur dut passer juste à côté et le chef tendit silencieusement son paquet de gris.

Sans bien réaliser ce qu'il faisait, l'homme prit le tabac et roula à son tour une cigarette. Après quoi, la conversation s'engagea tout naturellement et se termina par l'invitation à venir vider une chopine à la ferme.

– Vous avez vu, conclut le chef de brigade en remontant sur son vélo, voilà un gars qu'on a récupéré.

Le jeune gendarme était devenu colonel quand il m'a raconté cette anecdote.

– Ce jour-là, me dit-il, j'ai compris qu'il est parfois utile de savoir prendre l'air bête.

– N'empêche, m'a confié un gendarme, que le jour où un cultivateur de Seine-et-Marne me demanda s'il devait arroser ses betteraves, j'étais bien incapable de lui répondre.

En Franche-Comté, quand quelqu'un a soif, il propose à ses amis :

– On va mouiller la meule?

Certains gendarmes acceptent avec plaisir, parfois avec un peu trop de plaisir. Or, comme l'a fort bien dit un candidat au brevet d'arme, il ne faut pas oublier que, *pour conserver son indépendance, le gendarme ne doit pas se laisser acheter par la boisson ou les femmes.*

Il n'est pas toujours facile de refuser de boire. L'hiver, ça réchauffe; l'été, ça rafraîchit. Et puis, c'est offert de si bon cœur!

– Moi, m'a raconté un adjudant, je prétendais toujours que j'avais un ulcère d'estomac. Mais, la fois suivante, on me demandait des nouvelles de mon ulcère, on m'interrogeait sur mes médicaments et je devais mentir. En outre, je me sentais exclu, car les gens ne parlaient qu'à mon collègue qui buvait. De sorte que j'ai fini par dire que j'allais mieux.

Toutes les régions de France ne sont pas hospitalières et il y a certains endroits où l'on ne vous offrirait même pas un verre d'eau. D'autres où les habitants ne se lient pas rapidement. Dans cette campagne proche de Lyon, si deux gendarmes se présentent, le fermier propose à l'ancien d'entrer boire un canon.

– Et le jeune, il entre aussi? demande l'ancien.

Il entre, mais on ne lui remplit qu'à moitié son verre et une seule fois. Un ou deux ans après, quand il sera connu, il aura droit à deux verres.

– Refuser serait un affront, m'a expliqué un gendarme. Mais on peut laisser son verre plein.

Entre boire un canon chez l'habitant et aller au café, il y a une nuance. Dans *les Conseils de savoir-vivre à l'usage des militaires de la gendarmerie,* on pouvait lire en 1965 : *La fréquentation habituelle des cafés est interdite par le règlement, autant sans doute en raison du risque que la boisson fait courir à l'homme, que parce qu'on n'y côtoie pas que des gens de bonne compagnie.*

C'est, en effet, dans les salles enfumées des débits de boissons que les désœuvrés traînent leur farniente, à la recherche d'occasions rémunératrices autant que malhonnêtes.

Les nécessités des enquêtes ne permettent pas aux gendarmes de choisir leurs interlocuteurs : *Celui-ci possède entre autres comme habit un pantalon bleu. Nous nous adressons à ce dernier. Celui-ci est muet et ne semble pas comprendre nos paroles.*

***

J'ai la chance d'avoir en France, en Belgique, en Suisse, au Canada et même plus loin, un certain nombre d'honorables correspondants avec qui j'entretiens des relations perlières (1). Parmi eux, Roger Touquoy, un ancien instituteur dont j'ai lu avec intérêt une conférence sur la brigade de gendarmerie de Lagny, vers 1900 (2).

Il explique qu'à cette époque-là on distinguait *les particuliers,* personnages neutres de situation sociale peu élevée, mais n'ayant pas grand-chose à se reprocher, et *les individus* avec lesquels la gendarmerie avait de fréquents contacts. Le mot individu n'ayant pas de féminin, une personne du sexe opposé, dont la conduite n'était pas irréprochable, était dénommée *particulière.*

Le signalement des particuliers et des individus demande parfois à être précisé : *Taille : 1 m 87. Corpulence : Très mince. Cheveux longs très courts.*

Au début de la guerre de 1939, Francis voulait aller chercher sa grand-mère à Paris et la ramener à Gourdon. Pour cela, il était nécessaire d'obtenir un laissez-passer, avec le signalement des personnes à ramener.

– C'est impossible, répondit le gendarme de service. Je ne peux pas établir leur signalement, si je ne les ai pas vues.

Il était habillé d'un pantalon bleu de Chine, avait noté un gendarme de Blois, à une époque où les blue-jeans n'étaient pas encore à la mode.

Pandore se pique parfois de psychologie et précise : *Caractère franc mais sournois.*

(1) Les lecteurs désireux de faire partie de mon réseau peuvent m'écrire à la Cancrerie, 91490 Milly-la-Forêt. Les perles et anecdotes gendarmiques ou autres me font toujours plaisir, à condition qu'elles soient parfaitement authentiques.

(2) *Revue de la Société historique, géographique, artistique, scientifique de Lagny (Seine-et-Marne) et de la région* (année 1966).

Quand les gendarmes ne connaissent pas quelqu'un, ils se renseignent dans le voisinage : *D'après la rumeur publique, la demoiselle M... est très mal considérée dans le bourg de L... par ses propos obscènes et ses gestes décontenancés qu'elle professe à quiconque veut s'y arrêter.*

Vers la même époque (1933), d'autres gendarmes s'étaient informés auprès d'un maire qui leur répondit :

– Cet homme a toujours été considéré comme étant la bassesse et le dernier étage de la société. Cette notoriété est héréditaire dans cette famille.

– Le fait que vous portez à ma connaissance, ajouta le maire, me paraît extraordinaire dans cette famille où un jour on se caresse, le lendemain on se bat et où tout le monde travaille irrégulièrement et s'amuse malgré cela en se livrant à la boisson.

Parfois, les antécédents ne sont guère meilleurs : *Sa mère était de mœurs très légères et se laissait aller à celui qui le désirait. Elle est morte également de cette maladie.*

Il arrive heureusement que les renseignements soient bons, comme le prouve une enquête sociale sur une habitante de Cour-Cheverny : *Elle se coupa en quatre pour élever ses trois enfants.*

Tandis que sur d'autres P.V. d'aide sociale on lisait : *L'intéressé souffre de la jambe gauche et est atteint de cécité de la droite.*

En 1968, il a subi une grave opération. Une balle reçue sur le front lui a été extraite de la jambe.

Les contrôles prévus par la loi sont moins tatillons qu'il y a quelques années, mais les gendarmes continuent à avoir l'œil sur les Romanichels et autres nomades. Y compris certains cas particuliers : *Il menait la vie habituelle des nomades sans jamais se déplacer.*

Le temps est passé, en revanche, où les Français voyaient

des espions partout et où les gendarmes se lançaient à la poursuite de braves gens qui n'avaient que le tort de ne pas ressembler aux autres.

Il y eut néanmoins des vrais espions, tel sans doute l'Allemand dont *l'Écho de la gendarmerie nationale*, du 11 septembre 1887, annonça l'arrestation : *Cet homme qui se dit terrassier a des mains blanches et parle fort bien français.*

Parler patois fut longtemps un avantage dans les campagnes. Aujourd'hui, il y a de plus en plus d'étrangers et les gendarmes font ce qu'ils peuvent. Ainsi en 1965 où *le gendarme D..., arrivé immédiatement sur les lieux, a essayé, par le truchement du dialecte polonais, de calmer cet individu d'origine slovaque, mais sans résultat positif.*

Vers 1960, deux gendarmes d'une brigade de Seine-et-Marne se présentèrent chez une Tchèque qui partageait la vie d'un journaliste suisse :

– Nous voulons voir vos pièces, dirent-ils.

La demoiselle les promena d'une pièce à l'autre, dans toute la maison.

– C'est grand! dit un des gendarmes.

– Ça doit vous faire du travail! renchérit l'autre.

La visite terminée, ils se retrouvèrent dans le salon.

– Bon, maintenant on aimerait voir vos pièces.

– Mais je vous ai tout montré!

Le quiproquo ne dura pas plus longtemps et la Tchèque apprit ce jour-là que les pièces d'identité ne sont pas habitables, même si elles permettent d'habiter quelque part.

Il y avait un autre étranger dans la maison, un mainate, originaire des Indes, dont le slogan préféré était : *De Gaulle connais pas.* L'oiseau le répéta plusieurs fois jusqu'à ce qu'un des gendarmes remarquât :

– Après tout, c'est vrai. Il connaît pas de Gaulle!

***

En 1956, les gendarmes de Donnemarie-en-Montois virent arriver un ouvrier agricole d'origine polonaise qu'ils connaissaient bien.

– J'ai confiance qu'en vous, leur disait-il souvent.

Ce jour-là, il poussait sa femme dans une brouette et, toujours plein de confiance, il annonça :

– La maman, elle va faire le petit.

L'affaire était trop engagée pour qu'un médecin ait le temps d'arriver et les épouses des pandores durent jouer aux sages-femmes.

Il suffit de rester une heure dans une gendarmerie pour voir se succéder les cas les plus imprévus :

– C'est pas que je viens me plaindre, dit une dame, mais on a repeint mon portail en vert. Je ne suis pas mécontente, mais je voudrais comprendre.

Renseignements pris, il s'agissait d'un homme qui vivait dans un camion dont la vitre donnait sur le portail et qui avait voulu améliorer son environnement.

Un quidam, mécontent d'avoir été convoqué à plusieurs reprises, explose :

– Si vous m'envoyez encore des provocations, je n'y répondrai pas. Et d'abord c'est pas moi qui a salsifié la carte grise!

Certains viennent à la brigade pour se plaindre des voisins, parce qu'ils font du bruit ou parce qu'ils ne sont pas des modèles de propreté. Mais les accusés se défendent. Ainsi, à Halluin, en 1966 :

– Aucune odeur nauséabonde ne s'exhale de nos excréments, tous les aliments que nous absorbons étant javellisés.

Les gendarmes conseillent la patience, expliquent qu'un procès coûte cher et, comme après une consultation chez le médecin, en sortant, on se sent mieux.

– Un jour, à la Réunion, m'a raconté un colonel, un avocat s'est plaint à moi : « Vos gendarmes calment trop les gens. Si ça continue, nous n'aurons plus de clients. »

En mai 1968, dans la Seine-Saint-Denis, un gendarme vint prévenir son capitaine :

– Il y a un client en bas qui veut sauver la France.

– Faites-le monter, mais laissez la porte ouverte. On ne sait jamais.

L'homme n'était pas dangereux. Il s'étonnait seulement de ne pas être reçu à l'Élysée où il voulait présenter au général de Gaulle une machine à défatiguer, qui aurait donné un nouveau tonus aux Français. Ceux-ci étant alors fort occupés à mettre leur pays cul par-dessus tête, le capitaine jugea préférable de ne pas donner suite.

Un jeune gendarme vit un jour arriver une dame :

– J'ai quelque chose à vous dire. Ça concerne le pays entier.

Le gendarme emmena la dame dans le bureau voisin. Là, elle sortit de son sac *Sélection du Reader's Digest* :

– Regardez cet article : *La formidable machine de guerre soviétique.*

Parfois, une lettre anonyme arrive à la brigade : *Le braconnier M... porte toute sa barbe, il va à Rennes aussi, il se déguise en bourgeois.*

Faut-il tenir compte d'une dénonciation de cette sorte? Tel n'était pas l'avis d'un gendarme dont parle Daniel Desbordes, dans ses *Souvenirs de giberne :*

– En principe, une lettre anonyme non signée, on ne devrait même pas prendre la peine de la décacheter.

Si on la décachette, on notera sur le P.V. : *Tout laisse sup-*

poser qu'il s'agit bien d'une lettre anonyme, car nous signalons d'autre part qu'aucune signature n'y figure.

Une dame signait des lettres où elle se plaignait d'un peu de tout : que les trottoirs n'étaient pas droits, que les feuilles des peupliers tombaient trop tôt.

Une autre dame aurait voulu une attestation parce que son chien avait mangé sa ceinture de sécurité et qu'elle ne pouvait plus la boucler.

Christian Durandet se trouvait dans une gendarmerie, lorsqu'un brave homme vint faire légaliser la signature de sa femme ou plutôt la croix qui en tenait lieu.

– Une croix, c'est pas suffisant, dit le pandore de service.

Dix minutes après, l'homme était de retour :

– Est-ce qu'avec deux croix ça va mieux? demanda-t-il.

Il y a, dans le travail des gendarmes, un tas de petites choses que ne mentionne aucune statistique. Car on n'hésite pas à leur demander des renseignements, aussi bien sur un règlement de pension que sur l'assistance judiciaire ou même sur la meilleure manière d'obtenir un prêt.

– Si nous avions le temps, m'a dit un chef de brigade, nous passerions nos journées à faire du social.

Et à répondre aux questions les plus imprévues, comme par exemple :

– Est-ce que le concubinage de deux lesbiennes est reconnu?

– Pas encore!

En 1975, une brigade du Var reçut la lettre suivante :

Mon Comandant je vous salue

Voulée vous bien me randre service. En aout et septembre 63 je me trouvaient en reeducation 34 à la malou les Bains avec André B... qui resté dan la région du L...

et lon si est retrouvé fin février mars avril 64 labas. Javais de l'exéma et il ma me froté avec une pomade que le centre me donnet et qui fesé rien et il madit que cette pomade la fesé rien et sès pas facile a soigné sa alor.

Il ma donnet un numéro de pomade qu'il cété servit et j'ai tout perdu le numéro de pomade ét sonne adresse. Je sait qu'il reste le L.. mée qu'elle arondisment.

Il est bien facile à trouvé car il avé une auto a ce moment la et il est menuisier et il été paralisé par accidant.

Tous mais remerciment.

ennatandant ladresse de se cher Camarade pour que puis me débarassé de cette saloprie d'exéma.

Vers 1969, une dame écrivit (sur un luxueux papier à lettres) au commandant de la gendarmerie en Corse : *Pouvez-vous me garantir qu'il est possible de voyager sans danger et de jour, en taxi, entre Bastia et Porto-Vecchio?*

Tout juste si l'on ne prend pas la gendarmerie pour un syndicat d'initiative. Il est vrai que, vers les années 60, un général, féru de vieilles pierres, n'aurait pas vu d'un mauvais œil que les gendarmes renseignent les touristes.

Un jour où il se promenait en civil, il aborda deux pandores et leur demanda :

– Pardon, messieurs, n'y a-t-il pas une vieille chapelle dans le coin?

Les interrogés s'excusèrent poliment. Une vieille chapelle, ils ne voyaient pas! Le général insista, donna des détails, jusqu'à ce qu'un des gendarmes s'écrie :

– J'ai compris. Vous êtes l'homme des vœux. Pas de chance, j'ai oublié mes capsules.

★★★

J'étais en train d'écrire ce livre, lorsqu'un beau matin je m'aperçus qu'un énorme dogue était venu camper à la porte de la Cancrerie. Son aspect redoutable et ses grondements nous terrorisèrent. Ma femme téléphona à la gendarmerie et deux jeunes pandores vinrent à notre secours. Par une fenêtre, ils examinèrent le chien.

– Il y en a deux comme ça à Gironville.

Le renseignement était bon et le dogue (qui était une dame dogue) se révéla finalement moins féroce que nous ne l'avions craint.

– Ça vous fera toujours une anecdote pour votre livre! me dit un de nos sauveurs.

Et une belle illustration du fait que la connaissance du milieu est une des grandes forces de la gendarmerie.

Toutes les brigades ont des histoires d'animaux à raconter. Un jour, c'est un cirque qui cherche une chienne susceptible d'allaiter un lionceau; une autre fois, un chat qui ne peut pas descendre d'un arbre. Mais, dans ce cas, les pompiers disposant d'une échelle ad hoc sont plus efficaces. Même si, comme l'expliquait une bonne dame :

– Mon chat est de race dite « gouttière ».

Certains chiens n'aiment pas les porteurs d'uniforme. D'où ce compte rendu de mission : *Nous avons recherché les chiens hargnieux signalés par le facteur dans la localité de... Aucun n'a été rencontré, malgré la présence du facteur.*

Du côté de Strasbourg, un quidam déclarait à un gendarme :

– Le signalement du chien que vous donnez correspond exactement à celui de mon père.

Les brigades n'ont plus de planton, elles ont un gendarme de permanence dont les obligations sont moins strictes qu'autrefois, mais qui la nuit doit être prêt à répondre aux appels, puis à prévenir éventuellement ses camarades.

– Un jour, m'a raconté un jeune pandore, j'ai été réveillé à six heures du matin par un monsieur qui voulait savoir s'il y avait du soleil. J'étais de mauvaise humeur, alors je lui ai dit que le temps était exécrable.

D'autres appellent pour savoir les heures de la messe ou les programmes des cinémas. Tandis qu'une nuit d'hiver une dame téléphona :

– Je vois un cheval dans un pré en face de chez moi. Il fait très froid et il faut absolument que vous veniez lui mettre une couverture sur le dos.

Comme les médecins, les gendarmes sont en effet réveillés pour les raisons les plus saugrenues. Ainsi, à cinq heures du matin où l'on sonna à la porte d'une brigade de la banlieue parisienne. C'était une Martiniquaise, à la quarantaine avenante :

– Depuis quatre mois, mon mari couche séparé de moi. Je veux vous faire constater que je suis désirable.

Beaucoup de gens ont entendu vanter l'obligeance des gendarmes et certains trouvent normal de demander en pleine nuit :

– Vous ne pourriez pas me vendre un pneu?

La nuit du 1er novembre 1976, quand l'essence changea de prix, la plupart des pompes fermèrent. Sur le point de tomber en panne, Pierre Accoce sonna à une heure et demie du matin à la porte d'une gendarmerie de la Haute-Vienne.

– Le gendarme que j'ai réveillé m'a aimablement indiqué une pompe self-service, quinze kilomètres plus loin. Comme je le remerciais, il m'a répondu : « Mais c'est tout naturel. »

Il est moins naturel d'imiter cet instituteur qui, une nuit normale, se trouva en panne sèche et fit un scandale :

– J'exige d'être dépanné ou alors hébergez-moi.

Un officier en retraite demanda que l'on réveille un garagiste. Le lendemain, celui-ci vint se plaindre :

– Si vous n'avez que des clients comme ça, vous pouvez les garder. Votre type m'a pris pour cinq francs d'essence.

Un soir, un peu avant vingt et une heures, le planton d'une brigade charentaise ouvrit à un couple.

– Nous partons en vacances en Espagne, expliqua monsieur, et ma femme voudrait bien voir le dernier épisode de *Nans le berger* qui passe ce soir à la télé. Peut-elle le regarder chez vous?

Le brave gendarme accepta et offrit même l'apéritif. Tout le monde n'est cependant pas aussi bien reçu. Rentrant au milieu de la nuit, un homme avait trouvé sa salle de bains inondée. Il chercha vainement un plombier et, en désespoir de cause, il se rendit à la gendarmerie où tout le monde dormait.

L'inondé sonna et resonna jusqu'à ce que le planton vienne ouvrir. C'était un Noir. Fort mécontent de ces coups de sonnette répétés, il demanda :

– Vous n'avez pas fini de sonner comme un âne?

Si bien que l'inondé écrivit au ministre pour se plaindre : *Je me suis fait traiter d'âne par un gendarme de couleur qui n'était peut-être pas un âne, mais qui n'a pas été capable de me trouver un plombier.*

Heureusement, il y a aussi des lettres de remerciements. Et puis, dans certaines régions de France, au moment de Noël, les gendarmes trouvent à leur porte des cadeaux divers, déposés le plus souvent de façon anonyme pour qu'ils ne puissent pas refuser.

– En faisant une carte de France des cadeaux, m'a dit un adjudant-chef, on s'apercevrait qu'elle ne coïncide pas avec les régions les plus riches.

***

Si j'en crois un candidat au brevet d'arme, *en cas de guerre, la gendarmerie veille à ce que l'ennemi ne fasse pas d'action submersible.*

Ce n'est pas sa seule mission et, dans son numéro du 2 octobre 1887, *l'Echo de la gendarmerie nationale* évoquait l'éventualité d'une mobilisation : *Si la grande nouvelle jette un certain trouble dans les campagnes; si réservistes et territoriaux laissent avec regrets, mais sans faiblesse, qui ses intérêts, qui sa famille, la gendarmerie seule observe ce calme qui la rend si redoutable et au milieu d'un désarroi plutôt apparent que réel, promène partout la figure sévère de la loi, rassure, encourage, menace au besoin, et punit quelquefois.*

La mobilisation générale, telle que les Français l'ont connue en 1914 et en 1939, appartient, espérons-le, au passé. Mais la gendarmerie est toujours chargée de la remise des papiers militaires.

Gérard Zwang m'a raconté qu'en 1967 deux gendarmes se présentèrent chez lui, avec un nouveau livret matricule d'officier de réserve.

– Il n'a pas fait de changement d'adresse, reprochèrent-ils, et vous voyez bien, on sait pas où il est.

En 1960, deux autres gendarmes remirent à un habitant de Modane un fascicule de mobilisation, le transférant du train à la gendarmerie.

– Quelle est la raison de ce changement? demanda-t-il.

Pandore avait de l'humour :

– Monsieur, je vais vous dire. Pour entrer chez nous, il n'y a pas besoin d'être bien intelligent. Ce qu'il faut, c'est avoir bon esprit et ça doit être pour ça qu'on vous a retenu.

En cas de mobilisation, l'homme n'aurait été que gendarme auxiliaire. Il y eut ainsi quelques rappelés en 1958 et on leur doit ces perles :

– Son bidon de deux litres en contenait au moins trois.

– Il buvait un demi dans un quart de soldat.

Que ce soit en temps de guerre ou en temps de paix, les gendarmes sont chargés de rechercher les insoumis, les déserteurs ou simplement ceux qui n'ont pu être joints par une convocation militaire. Un ancien greffier des tribunaux militaires m'a communiqué ce P.V. :

Chargés de poursuivre toutes investigations aux fins de rechercher l'insoumis C... qui serait né à la maternité de l'hôpital de Dijon le... janvier 1942, ce jour... mai 1962, nous avons passé au peigne fin toutes les salles de la Maternité de Dijon sans pouvoir découvrir l'intéressé.

– Madame, je recherche votre fils pour son service militaire.

La dame à qui le gendarme faisait cette déclaration pâlit, puis manqua de s'évanouir :

– Madame, remettez-vous, ce n'est rien de grave.

Un doigt sur les lèvres, la femme chuchota :

– Par pitié, taisez-vous, mon mari fait la sieste. J'irai vous voir à la brigade, par pitié...

Étonné, le gendarme n'insista pas. Le jeune homme était insoumis, mais la recherche de son adresse pouvait attendre jusqu'au soir. Et, le soir, la mère se présenta comme convenu :

– Pitié pour mon mari. Il ne sait pas.

Cette fois, elle s'évanouit pour de bon. Ranimée, elle confia le drame de sa vie : un fiancé tué en 1914; un fils né quelques mois après, puis mourant de la grippe espagnole. Quand elle se maria, elle ne raconta rien à son mari. Maintenant, elle avait peur qu'il apprenne la vérité :

– Il ne me pardonnerait jamais!

Bien entendu, le mari ne sut rien. Il suffisait d'un certificat de décès pour clore le dossier d'insoumission.

Vingt ans plus tard, quand le gendarme devenu adjudant publia cette histoire (1), il expliqua qu'il la racontait à ses hommes, *en leur demandant d'user toujours de discrétion, de tact, de sensibilité même, et, sans oublier que s'ils sont gendarmes, ils sont aussi des êtres humains.*

Chaque brigade conserve les ordres d'appel à remettre en cas de mobilisation. C'est ainsi qu'une brigade des Bouches-du-Rhône en reçut récemment plusieurs, accompagnés de ce bordereau d'envoi : *Ils annulent et remplacent les O.A. Mle 106/96 déjà en place et concernant les intéressés qui sont à incinérer par vos soins.*

En 1970, un jeune gendarme se trompa et porta un ordre d'appel à la place d'un fascicule. De sorte que le destinataire, bête mais discipliné, parcourut quatre cents kilomètres pour se faire rire au nez :

– Qu'est-ce qui vous arrive? La guerre n'est pas déclarée!

(1) Adjudant Ecuer : *L'enfant de la faute*, dans la *Revue d'études et d'informations de la gendarmerie nationale* (3e trimestre 1966).

Il n'y a que deux belles choses au monde, les femmes et les roses, et que deux bons morceaux : les femmes et les melons.

Malherbe.

LA FEMME DU GENDARME

PENDANT que j'écrivais ce livre, j'ai été invité au mariage d'un jeune gendarme. L'ambiance était sympathique et je fus seulement un peu étonné de ne pas voir le marié revêtu de son uniforme. Mais la mariée était ravissante et portait fort joliment une robe blanche tout à fait réglementaire.

Dans l'ensemble, Pandore semble avoir pas mal de succès auprès des demoiselles. Trop même parfois aux yeux de ses chefs qui préfèrent un gendarme marié à un gendarme célibataire. A condition de bien choisir la future!

Ce devait être le cas du gendarme Quémart qui se maria à Saint-Pierre-et-Miquelon, le 22 mai 1835, après en avoir demandé l'autorisation en ces termes :

Mon commandant,

Le gendarme Quémart, Jean Marie chevalier de la légion d'honneur, a l'honneur de vous faire connaître que connaissant depuis dix mois la demoiselle Jeanne Desirez Le Breton, ayant étudier son caractère et étant persuadé de pou-

voir vivre heureux avec elle, il a formé le projet de l'épouser et il ose dans cet espoir vous en faire la très humble demande et vous donner l'assurance que la dite demoiselle Le Breton appartient à des parents très aisés se trouve dans le cas de pourvoir à ses besoins et sera dans aucune circonstance à la charge de son mari, il a l'honneur de vous exposer également que cette demoiselle appartient à une honnête famille et jouit d'une bonne réputation dans la colonie. S'il était assez heureux d'obtenir ce qu'il sollicite, la gratitude égalera le parfait dévouement avec lequel, il a l'honneur d'être Mon Commandant votre très humble et très obéissant dévoué subordonné.

Le 16 juin 1808, un décret impérial avait interdit à tous les militaires, gendarmes compris, de se marier sans une autorisation de leurs chefs. Par la suite, une circulaire précisa que la demande de l'officier devait être accompagnée d'*un certificat des autorités constatant d'une manière précise la dot que reçoit la future et la fortune à laquelle elle peut prétendre.*

J'ai feuilleté *le Mémorial de la gendarmerie* (1) où le chef d'escadron Cochet de Savigny avait réuni toutes les lois, ordonnances, décisions, circulaires, arrêtés et arrêts relatifs au service de l'Arme. J'ai trouvé en particulier une ordonnance du roi Louis XVIII, en date du 29 octobre 1820, à propos de laquelle Cochet de Savigny écrit : *La future des commandants de brigade et gendarmes est également l'objet d'une grande attention de la part des chefs, qui ne doivent donner leur consentement au mariage qu'autant que les autorités locales délivrent un certificat attestant sa bonne conduite, et que sa*

(1) Tome premier et tome second (Troussel imprimeur-éditeur, 1836 et 1838).

position de fortune ou son industrie viennent aider au bien-être du gendarme au lieu d'affaiblir ses ressources.

Cochet de Savigny ajoute que *le gendarme prétendant ne peut obtenir sa permission qu'autant qu'il est monté convenablement.*

En plus de la possession d'un cheval, *il doit être pourvu de tous les effets d'habillement, d'équipement, de harnachement, exigés par les règlements,* et ne pas avoir de dettes. Une riche fiancée pouvait donc aider à payer tout cela et c'est sans doute pourquoi nombre de gendarmes m'ont affirmé que le montant de la dot correspondait au prix du cheval et de son harnachement.

Dans la pratique, on était, semble-t-il, moins exigeant avec la future, si Pandore avait des ressources suffisantes. Le musée de la Gendarmerie, à Melun, possède le contrat de mariage (22 mai 1855) du gendarme Benoit Brenet. Outre son cheval et ses effets militaires, celui-ci apportait des meubles, rentes et créances diverses, alors que le trousseau de Mlle Antoinette-Caroline Faivre était composé uniquement d'*un buffet, d'un lit et de linges, nippes et hardes servant à sa personne.*

Il n'en reste pas moins que l'armée se conduisait en véritable proxénète. En 1843, au lieu de majorer les soldes, elle préféra fixer à 1 200 francs de revenu annuel le montant de la dot des futures femmes d'officier.

En Belgique, le roi ne signait les autorisations de mariage des gendarmes qu'une fois par an, puis une fois par trimestre. En 1855, un ordre prescrivait même de *diminuer la tendance au mariage : Il sera désormais procédé à cette réduction par voie d'extinction successive en n'accordant qu'une autorisation pour trois extinctions.*

De quoi plaire au *Moniteur de la gendarmerie.* En France, quand on parla d'augmenter la dot des personnes recherchées en mariage par les officiers, il applaudit très fort. Il demanda en outre que l'on majore le revenu annuel (250 francs) des candidates au mariage avec un sous-officier, *afin qu'elles ne soient pas exposées à subir les conséquences fatales de ce que l'on appelle avec raison « la misère dorée en uniforme ».*

Dans l'armée, aujourd'hui, on se marie beaucoup trop; on se marie aussi trop jeune, on se marie surtout sous l'impulsion d'un caprice, sans avoir sérieusement et posément réglé avec le notaire de la famille la question d'argent...

Conclusion : Attendu qu'on ne peut défendre aux militaires en activité de se marier, comme on leur interdit de voter, c'est, à notre avis, un devoir sacré pour l'autorité supérieure d'exiger des garanties sérieuses de tous ceux qui veulent fonder une famille qu'ils soient officiers ou sous-officiers.

L'autorité supérieure ne manquait pas à ce devoir sacré, si j'en juge par les comptes rendus d'enquête prénuptiale que j'ai pu lire et qui concernaient des officiers de la garde républicaine.

En 1888, suite à la demande d'un lieutenant, l'enquête établissait que *la conduite et la moralité de Mlle Marie M... ne laissent rien à désirer; elle a reçu une bonne éducation, qui lui permettra de tenir son rang parmi les dames d'officiers; ses parents jouissent aussi dans le pays d'une grande honorabilité et de l'estime publique. La future apporte en dot des titres de rente nominatifs, dont le revenu net s'élève à 1 200 francs; ses espérances peuvent être évaluées à 12 000 francs environ.*

Les officiers ne parvenaient pas toujours à décrocher la dot de leurs rêves. Certains imitaient ce lieutenant de la garde républicaine, puni en 1882 de huit jours d'arrêts de rigueur, *pour avoir compromis sa considération et la dignité de l'épaulette, en vivant ostensiblement avec un ménage dont il se disait le parent, et avoir provoqué par ses relations intimes avec la femme une plainte du mari.*

La dot obligatoire fut supprimée le 1er octobre 1900 pour les futures des officiers. On pouvait donc espérer ne plus revoir des situations pénibles du genre de celle d'un lieutenant de la garde républicaine. En 1890, il avait demandé à contracter mariage avec une demoiselle qu'il connaissait depuis 1883 et dont il avait eu quatre enfants.

Les renseignements recueillis sur la future lui sont favorables. Elle appartient à une honnête famille d'ouvriers. Elle a reçu une instruction convenable et a toujours tenu une bonne conduite en dehors de ses relations avec son amant...

M. le lieutenant A:.. avait sans doute le désir de régulariser plus tôt sa situation, mais il a dû en être empêché par la difficulté de constituer la dot de sa future. Son père... officier supérieur en retraite vient de marier sa fille avantageusement et a pu reporter sur son fils la majeure partie de ce qu'il devait partager entre ses deux enfants. La dot a pu être ainsi établie.

Le ministre accorda l'autorisation de mariage, mais transféra le lieutenant dans le Rhône, en faisant remarquer qu'*il était très fâcheux qu'un officier ait pu vivre depuis 7 ans avec une jeune fille et en avoir 4 enfants qu'il a reconnus sans que ses chefs aient eu connaissance de cette situation irrégulière.*

En 1900, la suppression de la dot pour les officiers ne s'appliqua pas aux sous-officiers et aux gendarmes dont les futures devaient toujours *posséder des ressources suffisantes pour ne pas être à la charge de leur mari.*

Entre 1914 et 1919, les mariages furent libres pour tous les militaires. En 1919, on revint au régime antérieur, mais la dot fut de moins en moins exigée et le décret du

17 juillet 1933, sur l'organisation de la gendarmerie, n'en fait pas mention.

L'autorisation, elle, fut maintenue et, en 1949, un garde républicain qui avait omis de la demander écopa de vingt jours d'arrêts de rigueur. Néanmoins, je ne pense pas que le maire qui célébra le mariage ait été destitué de ses fonctions, comme le prévoyait le décret de 1808.

Faute d'instructions précises, bien des enquêteurs continuaient à s'enquérir du montant de la dot. Ainsi en 1957 où un brave ouvrier déclara :

– J'ai réussi à faire faire des études à mes douze enfants. S'il fallait aussi que je leur donne une dot!

L'autorisation de mariage a été supprimée en 1975, sauf pour ceux qui épousent une étrangère. La mesure inquiète certains officiers qui estiment que les jeunes manquent parfois de discernement. Et tout le monde ne peut pas se marier avec une reine, comme le gendarme Camille Paule.

Il est vrai que lorsque celui-ci sollicita l'autorisation d'épouser Ucoulé Salima Machimba, souveraine de Mohéli, la plus petite des Comores, le commandant de la gendarmerie de la Réunion fut bien ennuyé. Un gendarme prince consort, ce n'était pas prévu par le règlement et l'on préféra lui accorder une retraite anticipée.

Le musée de la Gendarmerie possède un extrait de l'acte de mariage selon lequel, le 28 août 1901, *Camille Paule, né le 1er mars 1867, gendarme en retraite,* épousa *Ursule Salima Machimba, née dans le courant de l'année 1874, reine de Mohéli, sans profession.*

Cette dernière formule peut paraître curieuse, mais s'explique par le fait qu'entre-temps la mariée avait perdu son trône. Nantie d'une pension par le gouvernement français, elle suivit son mari en Côte-d'Or où ils vécurent heureux et eurent trois enfants.

LA FEMME DU GENDARME

⁂

Le service intérieur de la gendarmerie a été réglementé par le décret du 17 juillet 1933. En 1976, on m'a expliqué qu'un nouveau texte était à l'étude depuis pas mal d'années, mais j'espère que l'on conservera au moins l'article 90 qui dit perlement : *Les chats peuvent être tolérés à l'intérieur des casernes sous réserve qu'il n'en résulte aucune gêne pour les autres militaires.*

Selon une boutade classique, *dans les casernes les chiens sont interdits, les chats et les femmes sont tolérés.* Et peut-être est-ce en vertu de cet axiome que, vers 1950, à Marines, un gendarme dressa contravention à sa femme pour avoir secoué ses tapis après dix heures du matin.

Le cas n'est pas unique et un adjudant arrêta son épouse qui roulait à Mobylette, dans une rue de Sélestat.

– Madame, je ne vous connais pas, dit-il. Vous êtes en tort, je vous dresse procès-verbal.

Le soir, il se fit sévèrement enguirlander, en vertu du règlement non écrit, selon lequel la femme du gendarme a toujours un galon de plus que son mari.

C'est à cause de ce pseudo-règlement qu'un petit Luc de huit ans expliqua très sérieusement à un copain :

– Mon père est adjudant et ma mère est adjudant-chef.

Il faut connaître la Gendarmerie pour apprécier les prodiges de diplomatie que doit chaque jour renouveler un chef de poste pour faire vivre en bonne intelligence les ménages de sa brigade. Cette constatation extraite du *Moniteur de la gendarmerie* (24 juillet 1881) est moins vraie aujourd'hui, encore qu'il y ait des brigades où les femmes font le décompte des tours de service et vont ensuite se plaindre à celles dont le mari a été plus favorisé.

Ailleurs, en revanche, tout le monde s'entend bien. On s'entraide et celles qui ne travaillent pas gardent les enfants de celles qui travaillent. En outre, à cause de la télévision, il y a peut-être moins de vie collective, mais aussi moins de cancans.

Dans beaucoup de brigades, on organise des réunions amicales : ici, c'est un méchoui; là, un arbre de Noël; ou encore un réveillon pour la Saint-Sylvestre :

– Comme cette nuit-là nous sommes toujours dérangés, autant ne pas se coucher et être prêts à intervenir.

Il n'en reste pas moins que Mme Pandore est plus contestataire qu'autrefois. En 1976, un commandant de brigade, soucieux d'économiser l'essence, avait envoyé deux gendarmes faire une patrouille à pied. Ils revinrent trempés et, le soir, une des épouses surgit dans le bureau du commandant de brigade :

– Alors, demanda-t-elle en montrant un pantalon tout mouillé, c'est vous qui allez le repasser?

Certaines épouses regrettent d'ailleurs le temps des leggings, bien utiles dans les chemins boueux.

– Malheureusement, m'a-t-on dit, ce sont des Parisiens qui nous habillent!

En octobre 1976, le club des femmes de la cité-gendarmerie de Maisons-Alfort me demanda de venir faire une conférence sur le rire. Après quoi, nous avons bavardé et je citai le cas de l'épouse d'un gendarme mobile disant à sa voisine de palier :

– Maintenant, je ne pourrai plus vous dire bonjour. Mon mari vient de passer chef.

Quatorze ans après, le mari est toujours sous-officier, alors que celui de la dédaignée est capitaine. Un joli retour des choses d'ici-bas, si les deux dames se retrouvaient voisines!

A Maisons-Alfort, en tout cas, cela ne semblait pas le genre de la maison. Dans la salle de cours où le club me recevait, il y avait des dames de « tous grades » et je n'ai pas pu savoir si c'était l'épouse du colonel ou la fille d'un gendarme qui avait placé une punaise sur mon fauteuil.

Quelques assistantes ont évoqué certaines femmes de commandant de brigade qui « mettent la pagaille », surtout quand elles se croient investies du droit de diriger les autres épouses.

Bien entendu, les rapports sont différents selon que l'on se trouve en ville ou à la campagne. Mais, pour toutes les brigades, l'invention de la machine à laver fut une bénédiction, car elle mit fin aux histoires de tours de buanderie.

Il en reste d'autres. Vers 1964, un chef de brigade de Gironde adressa une demande de punition. Motif : ses radis ne poussaient plus, par la faute des draps qu'une femme de gendarme faisait sécher devant.

***

Habiter en caserne était un grand avantage au lendemain de la guerre 1939-1945, quand les appartements étaient rares. Aujourd'hui où ils sont chers, un logement gratuit est appréciable.

– Et puis au moins nous sommes sûrs de ne pas être cambriolés.

En principe, il faut demander une autorisation pour héberger un parent ou un ami. Sauf incidents lors d'un séjour précédent, elle est toujours accordée. A moins que l'on ne vienne expliquer :

– Mon lieutenant, ma belle-mère veut venir passer quelques semaines chez moi. Voilà ma demande. S'il vous plaît, refusez-la.

Les logements les plus confortables sont attribués aux plus gradés, avec parfois des nuances étonnantes. En 1955, dans une caserne du Sud-Ouest, il n'y avait que trois bidets et leur dimension était proportionnelle au grade. Celui du commandant était d'ailleurs gigantesque et, quand on modernisa les lieux, les nouveaux modèles furent alignés sur le plus petit, c'est-à-dire sur celui du lieutenant.

Le bureau du poste occupe deux pièces attenantes au logement occupé par le gendarme X..., célibataire, à l'intérieur duquel se trouve la chaudière...

Cette note de service était destinée à préciser la répartition des charges de chauffage. Elle valut au jeune pandore le surnom de *cumulus.*

Les logements des gendarmes ont droit à des inspections, moins sévères qu'autrefois où l'officier ouvrait les placards et vérifiait jusqu'à la propreté du linge. Aujourd'hui, l'inspection est plutôt l'occasion de parler des aménagements éventuels. Car, malgré les nombreuses constructions de ces dernières années, il restait en 1977 des casernes qui ne bénéficiaient pas du confort minimum.

En 1951, dans une des plus vieilles gendarmeries de l'Yonne, une nouvelle venue croisa la femme du commandant de brigade. L'une et l'autre se rendaient au fond de la cour, leur seau hygiénique à la main, et elles échangèrent quelques phrases sur la vétusté des installations.

– Bon, conclut gaiement la femme du gendarme, je vais vider mon jules.

Le soir, elle fut toute confuse en apprenant que le commandant de brigade était prénommé Jules.

– Lorsque j'étais commandant de compagnie dans le Nord, m'a raconté un colonel, j'avais dans mon secteur une caserne où les familles des gendarmes ne disposaient même pas d'un W.C. par famille. Un jour, j'ai amené le conseiller général à la caserne et il a levé les bras au ciel : « C'est inadmissible! Il faut faire quelque chose. »

Le conseiller général tint parole et fit voter un crédit, grâce auquel on put réaliser les travaux nécessaires.

– Je l'ai invité à l'inauguration, conclut le colonel. Il a bien voulu couper le ruban, mais tout de même pas imiter les élus de Clochemerle.

Je n'ai ni inauguré ni même visité la caserne ultra-moderne où sont regroupés tous les gendarmes d'une grande ville de Bourgogne. Mais des officiers m'ont parlé de la décoration figurant sur un des murs.

– Elle a coûté des millions et elle n'a ni forme ni rien. C'est affreux!

– Ça représente quoi? demandai-je.

– Nous avons posé la question à l'artiste et il a répondu : « Chacun y voit ce qu'il veut. » Alors, pour les uns, c'est le sigle de la gendarmerie après un accident; pour d'autres, la pensée du Chef.

***

Les gendarmes sont quelquefois farceurs. Un jour, l'un d'eux dit à une belle Gitane :

– Quand notre camarade sortira par cet escalier, saute-lui au cou et embrasse-le sur les deux joues.

L'épouse était à sa fenêtre et le malheureux eut bien de la peine à se disculper.

A Saint-Pierre-et-Miquelon, les uniformes des gendarmes sont une attraction pour les touristes venus du Canada qui les photographient à tour de bras. En 1967, une Canadienne remporta un concours grâce à une photo la montrant aux côtés d'un beau pandore. Toute fière, elle envoya le cliché à la gendarmerie de Saint-Pierre où l'épouse du photographié prit très mal la chose.

– J'ai dû intervenir, m'a raconté un lieutenant, pour expliquer qu'il était parfaitement innocent.

Dans la départementale, les gendarmes sont, semble-t-il, des maris plus fidèles que la moyenne des autres professions. Il faut dire aussi qu'une liaison n'est pas prisée et aboutit généralement pour le volage à un rapide changement d'affectation.

La loi du 28 germinal an VI prévoyait que les femmes des gendarmes ne pouvaient tenir cabaret, billard, café ou tabagie. En 1976, Mme Pandore peut travailler, mais à condition de « ne pas compromettre l'indépendance de son mari ». Si elle tient un commerce, il doit être situé en dehors de la circonscription.

En effet, elle se trouve mêlée peu ou prou à la vie de la brigade. Parfois, elle aide son mari à taper un rapport en retard. Il arrive même que, tous les gendarmes étant appelés à l'extérieur pour des raisons impératives, elle assure la permanence au téléphone et à la radio. Bien sûr, ce n'est pas très réglementaire, mais il y a des cas d'urgence où necessité fait loi.

La femme du médecin pourrait en dire autant et, à deux mots près, faire sienne cette formule :

– Quand on épouse un gendarme, on épouse la gendarmerie. Toute la vie, il y a cette autre entre nous deux.

Cette autre n'empêche pas Mme Pandore de vivre en communion avec son mari, au point de dire :

– Nous ne sommes jamais de repos. Heureusement, nous allons être mutés!

Je ne crois quand même pas que ce soit une raison pour se faire faire des cartes de visite avec la mention :

MONSIEUR ET MADAME X...
Gendarme

Il est vrai que certaines épouses ont de l'ambition pour deux et il arrive qu'une institutrice transforme son gendarme de mari en élève studieux. Jusqu'au jour où elle pourra annoncer :

– Nous allons entrer à l'École des officiers.

Inversement j'ai rencontré, dans la banlieue de Paris, une autre institutrice qui m'a confié :

– Je préfère ne pas dire à mes collègues que mon mari est gendarme. Je dis qu'il est fonctionnaire.

S'il était voleur, l'avouerait-elle?

★
★ ★

En 1896, le brigadier de Lagny signala à ses chefs que l'eau manquait à la caserne. Les épouses des gendarmes devaient se rendre au bateau-lavoir où elles subissaient les sarcasmes des autres *lessiveuses.*

– A cette époque-là, m'a expliqué Roger Touquoy, la goutte et l'absinthe faisaient des ravages et les femmes en voulaient aux gendarmes de ramasser leurs maris dans le ruisseau et de les enfermer une journée.

Levée à cinq heures, comme son époux, Mme Pandore ne chômait guère. Outre le lavage, elle devait assurer le raccommodage et le brossage des différentes pièces d'uniforme. Elle aidait parfois aux soins du cheval, surtout quand il était malade.

Pandore ne bénéficiait pas toujours de la reconnaissance qu'il était en droit d'attendre. En 1911, l'épouse d'un gendarme d'Angerville (Seine-et-Oise) ayant été enfermée dans un asile d'aliénés, le sous-préfet proposa que les frais d'hospitalisation soient répartis entre le département et la commune d'Angerville où le gendarme était affecté.

Le conseil municipal d'Angerville refusa de payer, considérant que *le gendarme C... peut d'un moment à l'autre changer de brigade, sans que la commune ait à intervenir, qu'il ne paie aucune contribution à la commune, qu'il n'est pas électeur, que par conséquent on ne saurait lui attribuer de domicile fixe.*

Tout le monde n'était pas insensible au malheur. Vers 1880, un officier fut frappé par le fait que si un de ses gendarmes mourait, avant d'avoir accompli un certain nombre d'années de service, la veuve et les orphelins n'auraient droit à aucune pension et se retrouveraient la plupart du temps dans la misère.

Un sacré bonhomme, ce capitaine Paoli (1838-1923) qui, pour réunir ses premiers fonds, édita un poème dans lequel on voit un gendarme sauver un jeune orphelin tombé à l'eau et l'élever comme son fils; combattre des hideux brigands qui veulent dévaliser un ouvrier modèle; lutter contre un incendie en sauvant gens, or, effets; participer à la défense de la France envahie et finalement mourir, tué par un bandit d'une balle en pleine poitrine.

Le capitaine Paoli fit aussi des conférences, recueillit des dons et se démena tant et si bien que la Caisse du gendarme, créée en 1887, fut huit ans plus tard reconnue d'utilité publique. Aujourd'hui, elle est devenue une mutuelle complémentaire de la Sécurité sociale. Elle n'a qu'un défaut : personne n'a songé à y recueillir des perles. Même pas celle du gendarme disant :

– Mon fils a fait une chute de bicyclette. Il s'est cassé le col du Saumur.

Ou celle du gendarme qui, en recopiant son livret médical, écrivit : *Cœur : néant. Poumons : néant.* Renseignements pris, il y avait sur l'original un *N* qui en réalité signifiait *normal.*

La Caisse du gendarme, le Trèfle (créé en 1906 pour venir en aide aux officiers) ou la Maison de la gendarmerie ont un rôle social et il est difficile de rire du chagrin d'une veuve ou d'un orphelin. Quant à ceux qui font des dons, ce n'est sûrement pas pour que leur geste soit raconté dans un livre.

La Maison de la gendarmerie possède entre autres un hôtel de vacances familiales à Chamonix. Un jour, la fille d'un capitaine bavardait avec une camarade de jeux, venue en compagnie d'un grand-père retraité.

– Et ton papa à toi, il est gendarme? demanda-t-elle.

– Non, moi, mon papa, il est normal.

★★★

Des enfants chahutaient dans une rue de Mamers.

– Vous allez arrêter, cria une dame, je vais appeler les gendarmes.

– Ça ne nous fait pas peur, répondit un moutard, on les connaît!

Ils les connaissaient d'autant mieux qu'ils étaient tous fils de gendarme. Ce qui n'empêche pas Pandore d'être généralement plus strict avec ses enfants que la moyenne des pères.

Les temps ont toutefois changé depuis 1905 où Roger Touquoy et son frère (six et quatre ans) se tenaient au garde-à-vous devant leur lit. Quand l'officier entra pour l'inspection du logement, les deux moutards exécutèrent un salut militaire impeccable, car ils faisaient déjà partie de l'armée comme enfants de troupe.

Une loi de 1884 avait supprimé l'envoi des enfants de troupe dans les régiments et six écoles militaires préparatoires avaient été créées. Les fils des gendarmes y entraient à treize ans, mais ils étaient inscrits dès l'âge de deux ans et leurs parents touchaient une allocation.

En 1900, les gendarmes étaient tenus au port constant de l'uniforme. *Aucun effet civil,* disait une note de service, *ne doit exister dans les casernes. Le faire disparaître où il peut y en avoir.*

Vers 1930, les règlements étaient moins stricts et, lorsque le gendarme Auguste Roulette emmena sa femme à Paris, il opta pour « la tenue bourgeoise ». La future Catherine Paysan avait trois ans.

– En voyant mon père habillé ainsi, me raconta-t-elle, j'ai eu peur et j'ai pleuré.

Quand, pour raisons de santé, le gendarme Roulette dut quitter la maréchaussée, il devint secrétaire de mairie dans le village où sa femme était institutrice.

– Sur sa table de travail, il avait conservé son képi, m'a encore raconté Catherine Paysan. Si un élève était particulièrement insupportable, ma mère l'envoyait voir mon père qui disait : « Regarde mon képi. » Pendant une heure, le puni ne devait pas regarder autre chose.

– Et vous, Catherine? ai-je demandé.

– Non, je n'ai jamais été voir le képi de papa.

Bien entendu, les enfants des gendarmes font autant de mots que les autres :

– Oh! la neige qui tombe! disait Christian (cinq ans). Comment qu'elle va faire pour remonter?

Maryse (quatre ans) était toute contente d'aller à l'école. Elle revint à midi, aussi souriante que le matin, mais à quatre heures sa mère la retrouva en larmes :

– Il y a quelque chose qui ne va pas?

– Non.

– Alors pourquoi pleures-tu?

– Faut bien que je pleure. Tout le monde pleure.

Les changements d'affectation des parents permettent aux enfants de découvrir de nouveaux horizons. Un capitaine quittait le Cher pour devenir commandant de compagnie dans le Nord.

– Tu verras, avait-il expliqué à sa fille Dominique (quatre ans), nous allons dans une grande plaine.

Peu avant d'arriver, Dominique remarqua des terrils :

– Oh! dit-elle, des montagnes qui ont pris leurs vacances dans le Nord.

A l'école de gendarmerie de Chaumont, un goûter costumé avait été organisé à l'occasion du Mardi gras. Les enfants des gendarmes étaient déguisés, qui en motard, qui en Indien, et un lieutenant les interviewait au micro. Soudain, arrive un petit garçon pas costumé du tout.

– Et toi, en quoi es-tu déguisé?

– Moi, je suis déguisé en civil.

Nathalie (quatre ans), la fille du capitaine, était la camarade de jeux de Sylvie (quatre ans), la fille d'un gendarme. Un jour, à la suite d'une quelconque bêtise, papa gifla Nathalie. Sylvie qui avait assisté à la scène fut très offusquée :

– Ton papa te frappe avec la main, dit-elle. Mon papa il n'est que gendarme, mais chez nous on a un martinet.

***

Le 20 avril 1976, *la Presse de la Manche* publiait une photo d'un groupe de joyeux convives. C'étaient les anciens gendarmes et gradés de la brigade de La Ferrière-aux-Étangs (supprimée en 1969) qui avaient décidé de se retrouver avec femmes, enfants et même petits-enfants.

Les casernes sont souvent des lieux où se tissent des liens d'amitié solides. Par la suite, d'autres amitiés se nouent grâce aux associations d'anciens qui sont (par ordre alphabétique) la F.N.R.G.G.R., la S.N.A.A.G. (1) et l'U.N.P.R.G.G.

En 1976, les gendarmes n'avaient pas de syndicats, les hautes instances des armées étant allergiques à la formule. C'est pourquoi, tout en revendiquant pour leurs retraites, les anciens se considèrent comme les porte-parole des cadets. Ils ne manquaient pas, entre autres, d'insister sur le fait que les gendarmes, disponibles vingt-quatre heures sur vingt-quatre, n'avaient pourtant qu'un jour et demi de repos par semaine.

Un ancien raconta dans *l'Essor de la gendarmerie nationale* (avril 1976) sa visite à une brigade, un peu avant 20 heures. Deux gendarmes étaient en train, l'un de manier la serpillière, l'autre de vider les corbeilles à papier. Or, faisait remarquer l'ancien, le commissariat de police voisin utilisait les services d'une secrétaire sténodactylo, d'un retraité employé de bureau et d'une femme de ménage.

Même baptisées « travaux d'entretien », les corvées restent en travers de la gorge de Pandore. Comme l'écrivait un lecteur de *l'Essor de la gendarmerie nationale,* en octobre 1975, *la femme de ménage en képi est un sujet d'hilarité permanente de la part des contrevenants qui, convoqués au bureau de la brigade, ont découvert avec un sourire retenu le gendarme maniant avec dextérité le balai de nos grand-mères.*

Mais, toujours dans *l'Essor,* un autre gendarme affirme que, s'il a vu bien des camarades se plaindre de corvées

(1) Celle-ci a la particularité de grouper à la fois des anciens de la gendarmerie et des amis de l'Arme, ces derniers étant en majorité.

qu'ils jugeaient dégradantes, *cela ne les empêchait pas, leur jour de repos et quelquefois le dimanche matin, de mettre le tablier bleu et de faire le même travail chez eux.*

Je ne vois pas, ajoutait-il, *la différence entre les deux cas, sinon qu'il est plus facile de critiquer le commandant de brigade que l'épouse, surtout lorsque celle-ci porte la culotte dans le ménage.*

Une bonne dactylo serait beaucoup plus utile. En 1895, les chefs de brigade se plaignaient d'avoir à remplir *un nombre inouï de paperasses.* Ils se plaignent bien davantage en 1977. Quant aux simples pandores, ils consacrent près de la moitié de leur temps à des besognes de secrétariat.

En 1975, M. Cochard, le directeur de la gendarmerie, s'est déclaré partisan de « faire appel à des civils pour certains travaux de bureau et certaines missions serviles ».

– J'aimerais, précisa-t-il, que les femmes de gendarme puissent travailler en gendarmerie plutôt que d'occuper des emplois ailleurs.

– D'accord pour une dactylo, m'ont déclaré les chefs de brigade que j'ai rencontrés, mais à condition que ce ne soit pas la femme d'un de nos gendarmes! Les autres épouses tireraient sur elle à boulets rouges.

Quelle que soit la solution adoptée, elle n'empêchera pas les perles, comme celle figurant sur un bon de commande : *Chaise en bois pour dactylo tournante.*

★
★ ★

– J'ai fait une belle carrière, disait un ancien gendarme belge, vingt-deux ans de service et quarante-trois ans de pension.

Que ce soit en France ou en Belgique, les visites des jeunes pandores font toujours plaisir aux anciens de l'Arme. En 1976, l'un d'eux écrivait à un commandant de compagnie de Seine-et-Marne, pour dire combien il avait apprécié *leur belle tenue, leur gentillesse, leur désir de rendre service à de vieux camarades.* Et l'ancien concluait : *C'est avec plaisir que je constate que dans notre France il y a encore des jeunes bien éduqués.*

Tandis que sur un bulletin de service on pouvait lire : *Vu le gendarme en retraite X... Celui-ci n'a aucune condoléance à formuler au sujet de sa situation.*

Certains retraités souffrent pourtant de leur solitude. Peut-être devraient-ils s'intéresser aux petites annonces de *l'Essor de la gendarmerie nationale* où l'on trouve à la rubrique Intimité :

Veuve de l'Arme désire correspondre avec monsieur qualités de cœur vue mariage.

Veuve 55 ans désirerait, afin de rompre solitude, prendre contact avec retraité ayant encore une petite activité...

Une autre dame s'avoue *toute simple,* tandis que la veuve d'un adjudant-chef se déclare *apte à être la compagne d'un supérieur.*

Au hasard de mes interviews, j'ai rencontré un « veuf de l'Arme » qui venait de convoler. Il avait 79 ans, elle en avait 76. Ils s'étaient rencontrés dans une maison de retraite, où ils avaient passé l'hiver au chaud, et ils étaient tout heureux d'en être sortis et de vivre ensemble un nouveau printemps.

L'estime vaut mieux que la célébrité, la considération vaut mieux que la renommée et l'honneur vaut mieux que la gloire.

Chamfort.

L'HONNEUR DU GENDARME

MAMAN, tu sais ce que tu es? demande Richard (cinq ans).

– Non.

– Tu es une floc.

– Ah! et pourquoi?

– Parce que papa est un flic.

En réalité, papa est gendarme. Un jour, en compagnie d'un collègue, il écoutait les doléances d'un brave homme, se plaignant de son voisin :

– Oh! il est pas bien malin, il est aussi bête qu'un flic!

Se rendant compte de sa gaffe, le bonhomme essaya de rectifier :

– Pardon, je voulais dire qu'un gendarme.

Cette fois, les deux pandores ne purent s'empêcher de rire, songeant seulement que, si leur interlocuteur était tombé sur des gendarmes vraiment bêtes, il n'y coupait pas d'un « outrage ».

Le Mémento du gendarme donne au mot outrage la

définition suivante : *Toute expression de mépris, de nature à diminuer le respect des citoyens pour l'autorité morale du fonctionnaire et tendant dès lors à inculper son honneur et sa délicatesse.*

Au cours de mon enquête pour ce livre, j'ai invité un lieutenant-colonel à déjeuner dans un restaurant de Seine-et-Marne. Un groupe de joyeux convives, déjà en fin de repas, salua notre entrée d'un « garde-à-vous » retentissant.

– Repos, dit mon invité avec un sourire.

– Je fais attention à mon képi, me confia-t-il en s'asseyant, car c'est un scalp qui ferait le bonheur de ces jeunes gens.

Le 28 février 1867, un habitant des environs de Nontron (Dordogne) fut condamné à trois jours de prison par la cour d'appel de Bordeaux. Car, disait le jugement, *celui-ci, à la vue des gendarmes, se mit à crier à plusieurs reprises « sauve-toi, sauve-toi », clameur, à ce qu'il paraît, usitée dans les campagnes contre les agents de la force publique.*

Que, sur la demande de son nom et de sa demeure, il donna de fausses indications et répondit même en termes ironiques, en disant par exemple « qu'il demeurait chez lui, la porte regardant dehors », et qu'enfin, saisi par le bras par l'un des gendarmes, il se permit envers lui un geste menaçant.

L'édition 1884 du *Manuel du gendarme pour servir à la rédaction des procès-verbaux* précise d'ailleurs que *l'on doit considérer comme commettant un délit d'outrage à la gendarmerie l'individu qui, en action de chasse et porteur d'un permis, prend la fuite à l'aspect des gendarmes comme s'il n'avait pas de permis.*

Vers 1950, un employé des pompes funèbres transportait un mort de Touraine à Lille. Pris dans un embouteillage, il était encore à cent kilomètres de sa destination, quand arriva l'heure du déjeuner. Craignant de se faire voler son véhicule, ce qui aurait été d'autant plus grave qu'il avait ordre de ne pas s'arrêter, il se rendit à la gendarmerie :

– Je voudrais laisser mon fourgon sous votre garde.

Le pandore de service ne comprit pas pourquoi il devrait transformer la cour de la gendarmerie en parking funèbre :

– Ce n'est pas prévu par le règlement.

Le croque-mort, qui tenait à son idée, insista.

– Ah! s'écria-t-il, qu'est-ce que vous pouvez être obtus!

Le gendarme se leva, posa son képi sur sa tête et demanda :

– C'est une injure?

– Non, c'est une constatation.

– Ah! bon, dit le gendarme qui ôta son képi et se rassit.

Les gendarmes ont parfois bien du mérite à rester calmes et, s'ils voulaient, ils ne manqueraient pas d'occasions de relever des outrages. La plupart du temps, ils savent mettre sur le compte de l'énervement certaines réflexions intempestives. Le record d'indulgence appartient à un gendarme des Côtes-du-Nord, qui écrivait vers 1945 : *Le prévenu nous a traité d'andouille, de crétin, de con. Nous n'avons pas répondu à ces sottes questions.*

Pandore ne répondra pas non plus au râleur qui lui demande son numéro matricule. Pour une bonne raison : il n'en a pas!

– Un procès-verbal d'outrage, c'est très bien, m'a dit un retraité, mais il faut voir les conséquences.

Il me raconta l'histoire d'un ivrogne qui, avant d'être enfermé dans la chambre de sûreté, couvrit d'insultes tous les gendarmes.

– Ce n'était pas son premier P.V. d'ivresse. Cette fois, il n'y coupait pas de quinze jours de prison et c'était le licenciement assuré par son employeur. Qui en pâtirait? Sa femme et ses gosses. D'un autre côté, je ne pouvais pas passer l'éponge.

Alors? Alors, pendant quinze jours, l'ivrogne dut venir pointer chaque soir à la gendarmerie. Obligation illégale, mais qui finalement se révéla salutaire.

Mieux vaut ne pas trop marcher sur les pieds des gendarmes. Vers 1950, dans l'Ain, un jeune homme avait demandé à un adjudant l'heure des cars dont l'arrêt se trouvait en face de la gendarmerie.

– Je n'en sais rien.

– Vous ne savez pas. A quoi ça sert donc un gendarme?

L'adjudant ne répondit pas, mais suivit le jeune homme dont le vélo était resté devant la porte.

– Vous avez une plaque d'identité sur votre bicyclette?

– Non.

– Je regrette, je vais devoir vous dresser procès-verbal... Vous voyez à quoi ça sert un gendarme!

Ça sert aussi à rédiger ce P.V. d'outrage à un maire : *Elle a dit : « Foutez-moi le camp dans votre mairie, vous êtes un lâche et un salaud. » Ce qui à mon avis prouve qu'elle avait bien reconnu le maire.*

Je n'ai pas pu vérifier l'authenticité d'une histoire vieille d'une cinquantaine d'années et que l'on m'a racontée en Dordogne. Un habitant de Ribérac avait parié un déjeuner qu'il traiterait un gendarme de cocu. Sous l'œil rigolard de l'autre parieur, il s'approcha en pleurant de deux pandores.

– Qu'avez-vous, mon brave homme? On vous a volé quelque chose?

– Non.

– On vous a battu?

– Non, je suis cocu.

– Ce n'est pas dramatique. Il ne faut pas se désespérer pour ça!

– Ah! monsieur le gendarme, c'est que vous, vous êtes habitué!

Vers les années 60, le maréchal des logis-chef qui commandait une petite brigade de la Vienne dressa procès-verbal au propriétaire d'un chien. Le contrevenant était un protégé de M. le curé qui, en chaire, fit allusion à la sévérité du commandant de brigade. Celui-ci avait déjà eu des mots avec le prêtre, mais, quand on lui rapporta la chose, il parla de « foutre un P.V. au curé ».

Le dimanche suivant, le chef et un jeune gendarme aperçurent une vieille femme qui trottinait dans la campagne. Un peu plus loin, un chien folâtrait.

– Madame, ce chien est-il à vous?

– Non.

– Alors, on va l'emmener en fourrière.

Du coup, la vieille reconnut sa Mirette.

– Qu'est-ce qu'elle fait là? dit-elle d'un air innocent.

Le chef fut intraitable : ou la vieille ramenait la chienne chez elle ou il lui dressait procès-verbal. Force fut à la malheureuse de repartir, tandis que le jeune gendarme s'étonnait discrètement d'une telle sévérité.

– D'ici à ce qu'elle soit de retour, répondit le chef d'un air ravi, la messe sera finie. Et, comme c'est elle qui porte le pain bénit, le curé pourra toujours l'attendre!

⁂

Olivier (trois ans et demi) était revenu de Madagascar en France :

– Mémé, mémé, appela-t-il, y a un gendarme. Tu es accusée de réception.

Le gendarme était un facteur qu'Olivier, peu au courant

des uniformes français, avait pris pour un représentant de l'ordre.

Un autre moutard sortait tout joyeux de l'école :

– On m'a donné une image avec des prunes de gendarmes, dit-il en montrant triomphalement des prunes d'Agen.

Les gendarmes ont beau tenir à leur particularisme, il arrive qu'on les confonde avec les agents de police. Un jour, à l'Arc de Triomphe, une vieille dame demanda à un colonel de gendarmerie :

– Pardon, monsieur l'agent, pour aller à la station de métro George-V?

Le colonel expliqua courtoisement l'itinéraire et fut gratifié d'un retentissant « merci, monsieur l'agent ».

– Mon colonel, dit un autre officier qui se trouvait là, vous auriez dû lui dire que vous étiez colonel de gendarmerie et non gardien de la paix.

– Cela aurait nécessité beaucoup d'explications et, de toute manière, ce qui intéressait cette brave dame c'était uniquement son itinéraire. Alors, en agissant ainsi, nous avons gagné du temps tous les deux.

Un colonel commandant de groupement alla saluer le nouvel évêque qui, pratiquant volontiers la fausse naïveté, l'accueillit en disant :

– Bonjour, monsieur l'agent.

Le colonel faillit en avaler son képi et, quand il racontait l'histoire, il concluait :

– Décidément, l'Église est foutue!

Voulant obtenir un renseignement, un Parisien avait dit à un maréchal des logis-chef :

– Pardon, monsieur le pompier.

– Vous désirez, monsieur le curé?

– Mais je ne suis pas curé!

– Et moi je ne suis pas pompier.

L'HONNEUR DU GENDARME

Comme quoi il vaut mieux dire « monsieur » à tout le monde, y compris à ceux auxquels on donne poliment du « monsieur l'agent », alors qu'ils sont en réalité gardiens de la paix.

Dominique (quatre ans), fils d'un industriel, avait accompagné ses parents qui étaient invités à dîner chez un capitaine de gendarmerie. Soudain, au milieu du repas, on entend la petite voix de Dominique :

– Oh! papa, c'est drôle de manger du poulet chez un poulet!

En principe, *poulet* et *flic* sont réservés à la police, mais il arrive que l'on parle des gendarmes en disant « les flics ». A l'origine, *fligue à dard* désignait les archers du guet, porteurs de flèches, et flic n'était utilisé dans l'argot du XIXe siècle que pour les sergents de ville. Certains ont cherché à tort l'origine de flic dans *les Gaietés de l'escadron* (1886), mais il est probable que l'adjudant Flick fit tout de même beaucoup pour la diffusion du mot.

En 1862, Émile Colombey, dans son petit dictionnaire de l'argot des voleurs (1), indique que les gendarmes sont *les marchands de lacets* (les lacets étant les menottes), *les cognes, les lapins ferrés, les gaffes à gaye.*

Le gaye (ou gaille) est le cheval, mais les gendarmes allaient aussi à pied et leur raideur militaire leur valut d'être *les sapins* ou *les tournevis.* Ils furent également *les serins,* peut-être à cause du jaune baudrier; *les hirondelles de potence,* parce qu'ils assistaient aux exécutions; *les sansonnets;* etc.

En dehors de *cogne,* tous ces termes étaient ignorés de la plupart des gendarmes que j'ai interrogés. Quelques-uns pourtant connaissaient *grippe-jésus.*

(1) *L'Esprit des voleurs* (Collection Hetzel. Dentu, libraire-éditeur).

– C'était, m'ont-ils dit, le surnom donné aux gendarmes d'élite de Napoléon.

Peut-être parce qu'en 1809 le général Radet et ses gendarmes furent chargés de s'emparer du pape Pie VII et de le conduire de Rome à Florence d'où il fut amené ensuite en France.

Au XIXe siècle, les gendarmes étaient également surnommés *les homards* ou *les harengs* et l'on chantait :

En service on a de la veine
Quand au bal on est de planton.
Quand la musique vous entraîne
On y pince un fin rigodon.
Si la danse a pour vous des charmes,
Nous allons le pincer encor,
En attaquant, comme gendarmes,
Le fameux pas du hareng saur.

Ce couplet est le cinquième des *Gendarmes à pied,* duo comique d'Émile Carré, musique de Léopold Gangloff. Mais pourquoi le hareng? Sans doute parce qu'une fois séché, les ouïes ouvertes, il rappelle un peu la forme du chapeau de gendarme.

Chez l'épicier, en tout cas, le hareng est un gendarme. Alors qu'un coin bleu dans un ciel gris fait dire :

– Il y a juste de quoi tailler une culotte de gendarme.

On nomme également gendarme une arête rocheuse escarpée; une femme costaude et autoritaire; ou encore un saucisson sec et plat qui a un peu la forme du hareng. En revanche, si les gendarmes parlent d'un saucisson, il s'agit d'une affaire judiciaire facile, mais dont la procédure promet d'être longue et fastidieuse.

Les gueux et les voleurs ont un argot, remarquait Voltaire, *mais quel état n'a pas le sien? Les théologiens et surtout les mystiques n'ont-ils pas leur argot? Le blason n'en est-il pas un? Est-il plus beau de dire gueules ou sinople au lieu de rouge et vert, que pitancher du pivois au lieu de dire boire du vin?*

Comme tous les états, la gendarmerie a donc son argot. C'est ainsi que lorsque les gendarmes mobiles, alias *moblots,* parlent de leurs frères de la départementale, ils disent *les criquets* ou *les taupes,* termes beaucoup plus récents que celui de moblot qui date du XIXe siècle.

Criquet est né, semble-t-il, pendant la guerre d'Algérie, à une époque où les gendarmes départementaux envoyés de France donnaient l'impression d'une arrivée de sauterelles. Aujourd'hui, on parle aussi des *pots de yaourt* ou de *ceux qui peignent les murettes en blanc.* Ils appartiennent à *la blanche,* surnom dû au galon d'élite argent du képi.

Lors de sa création, en 1921, la mobile avait adopté l'or pour les gradés et le rouge pour les autres, ce qui fait que les uns disaient *la jaune* et les autres *la rouge.* Depuis 1973, tous les moblots portent le galon d'élite or et l'on parle de *la jaune* ou encore des *boutons-d'or* et des *canaris,* mais plus du tout des *fourmis rouges.*

Les gendarmes maritimes sont *les rameurs.* Il est vrai que, pour les rameurs, les autres gendarmes sont *les virus.* En fait, tout cela ne prête pas à conséquence, car tel qui était moblot hier est criquet aujourd'hui et sera peut-être rameur demain. Avant tout, on reste gendarme et c'est donc sans méchanceté aucune que l'on daube le voisin.

On m'a ainsi raconté l'histoire, sûrement apocryphe, du Noir servant dans la mobile et que ses chefs veulent faire passer dans la départementale. Il refusa en disant :

– Mon commandant, je ferai jamais un bon blanc.

***

SACRÉS GENDARMES

Un commissaire de police se promenait en auto, avec sa femme, quand il croisa deux gendarmes :

– Salut, pandores, dit-il.

– Tu ne le dirais pas s'ils pouvaient t'entendre, remarqua l'épouse.

– Mais si, puisque étymologiquement pandore signifie qui a tous les dons.

Deux gendarmes, un beau dimanche,
Chevauchaient le long d'un sentier;
L'un portait la sardine blanche,
L'autre, le jaune baudrier.
Le premier dit d'un ton sonore :
– Le temps est beau pour la saison.
– Brigadier, répondit Pandore,
Brigadier, vous avez raison.

Selon des notes de la main de Gustave Nadaud (1820-1893), la chanson, qui s'appela d'abord *les Deux Gendarmes,* fut composée le 9 septembre 1852, entre Paris et Lyon. Nadaud l'interprétait en prenant l'accent gascon pour le brigadier et l'accent alsacien pour Pandore :

Phoebus, au bout de sa carrière,
Put encore les apercevoir;
Le brigadier, de sa voix fière,
Troubla le silence du soir :
– Vois, dit-il, le soleil qui dore
Les nuages à l'horizon.
– Brigadier, répondit Pandore,
Brigadier, vous avez raison!

On peut trouver étrange que Gustave Nadaud ait donné un nom féminin à son gendarme. Pandore est en effet l'Ève grecque. Zeus avait demandé à Hephaïstos de la modeler avec de l'argile et de l'eau. Aphrodite lui apprit à être belle; Athéna lui enseigna les arts de son sexe et Hermès lui inculqua le goût de l'indépendance et de la perfidie. Zeus envoya Pandore à Prométhée qu'il voulait punir d'avoir dérobé le feu du ciel, mais Prométhée se méfia et c'est son frère Épiméthée qui accueillit la belle Pandore. Celle-ci ouvrit alors un vase (d'autres disent une boîte) contenant tous les maux qui se répandirent sur la Terre.

Rien dans tout cela qui ressemble au gendarme de la chanson. C'est pourquoi un capitaine s'est demandé (1) si pandore ne venait pas plutôt de *pandour,* milicien hongrois du XVIIe siècle dont parlent Voltaire et d'Alembert. Mais ce terme, qui désigna d'abord un valet de ville ou un garde, passa ensuite aux troupes d'irréguliers qui laissèrent un cuisant souvenir en Europe centrale. Je vois donc mal Nadaud faisant un rapprochement aussi déplaisant.

En revanche, il aurait pu trouver amusant qu'un brave gendarme, portant bicorne et approuvant toujours son supérieur, reçoive le nom de la pandore, mollusque bivalve de l'ordre des enfermés. Mais il est plus probable que le mot lui est venu à l'esprit simplement en cherchant une rime à *sonore* et sans imaginer que Pandore deviendrait un nom commun.

– Ah! C'est un métier difficile :
Garantir la propriété;
Défendre les champs et la ville
Du vol et de l'iniquité!
Pourtant l'épouse qui m'adore
Repose seule à la maison.
– Brigadier, répondit Pandore,
Brigadier, vous avez raison.

(1) Capitaine Chanut : *En ouvrant la boîte de Pandore,* dans *la Revue d'études et d'informations de la gendarmerie nationale* (4e trimestre 1972).

Lorsque j'ai rendu visite à l'école de gendarmerie de Chaumont, le 18 octobre 1976, j'ai vu défiler plusieurs pelotons d'élèves gendarmes. Leurs chants n'étaient pas tous des classiques de l'armée. Il y avait aussi *le Casque de pompier,* la chanson préférée de l'École des beaux-arts; *le Légionnaire,* cher à Sylvie Vartan, et... *Pandore.*

Avec raison, les instructeurs de l'école ont coupé le deuxième et le cinquième couplet qui avaient un peu vieilli. En revanche, ils ont conservé le quatrième que l'abbé J. de le Rue avait pudiquement censuré dans son anthologie (1) :

– Il me souvient de ma jeunesse.
Le temps passé ne revient pas...
J'avais une folle maîtresse
Pleine de mérite et d'appas.
Mais le cœur... pourquoi?... je l'ignore
Aime à changer de garnison.
– Brigadier, répondit Pandore,
Brigadier, vous avez raison.

Au cours de mon enquête pour ce livre, j'ai trouvé des jeunes gendarmes qui ignoraient *Pandore,* preuve que les écoles n'ont pas toujours mis Nadaud à leur programme. Pourtant, en 1965, le capitaine commandant la compagnie de Roubaix consacra un article à Gustave Nadaud dans *la Revue d'études et d'informations de la gendarmerie nationale* (2).

Fils d'un important négociant en tissus de Roubaix, le jeune Gustave ne fut pas séduit par la tenue des livres comptables de la succursale parisienne de papa. *Après la révolution de 1848 qui avait bouleversé le commerce fran-*

(1) Pages choisies de Nadaud (Desclée, de Brouwer et Cie, 1923).
(2) Capitaine François Poussard : *Gustave Nadaud* (2e trimestre 1965).

çais, confia-t-il à un ami, *j'ai quitté les affaires, abandonnant la maison à mon associé et me lançant dans la chanson comme un oiseau étourdi.*

En fait, il réussit aussi bien comme auteur que comme interprète. *Il faut le voir chanter « Pandore »,* écrivait Pitre-Chevalier, *avec sa verve, sa bonhomie, sa malice, ses hésitations et ses poses, son chic troupier et son accent alsacien. C'est littéralement à se tordre les côtes.*

– La gloire, c'est une couronne
Faite de myrte et de laurier;
J'ai servi Vénus et Bellone :
Je suis époux et brigadier .
Mais je poursuis le météore
Qui vers Colchos guida Jason...
– Brigadier, répondit Pandore,
Brigadier, vous avez raison.

On a dit, a écrit Nadaud, *que cette chanson avait été interdite par la police de l'Empire. Il y a du vrai et du faux. On la laissa publier en donnant le conseil de changer le titre et de la publier sans dessin. Elle parut donc non illustrée et sous le titre « Pandore ». Mais il fut interdit de la chanter en public.*

Il semble pourtant que Nadaud l'ait interprétée chez la princesse Mathilde, un soir où Napoléon III se trouvait là. Les journalistes de l'époque, dont l'imagination était déjà grande, ont fourni plusieurs versions de l'événement, prétendant même que l'empereur avait sur-le-champ décoré Nadaud de la Légion d'honneur.

Selon Pitre-Chevalier, un illustre général s'écria en applaudissant :

– Pourquoi interdire cette chanson dans les concerts? Moi, je la mettrais à l'ordre du jour de l'armée comme haute leçon d'obéissance passive!

En tout cas, il est faux que Napoléon III ait demandé à Nadaud de lui interpréter le septième couplet de la chanson. Bien qu'étant orléaniste, Nadaud a toujours renié la paternité de ce couplet, probablement dû à Bastide et dont il existe plusieurs versions assez voisines :

– J'ai toujours servi sans réplique,
Depuis le grand Napoléon,
Louis-Philippe et la République.
Et le nouveau Napoléon,
Celui-là, je me rémémore,
Je l'avais fourré z'en prison.
– Brigadier, répondit Pandore,
Brigadier, vous avez raison.

Le chansonnier Eugène Baillet (1) affirma que Nadaud lui avait dit un jour :

– On m'ennuie avec toutes ces légendes stupides. L'empereur, je ne lui ai jamais parlé.

Mais on peut participer à un spectacle auquel assiste un souverain, sans pour autant bavarder avec lui. Et Nadaud a reconnu par ailleurs avoir chanté *devant l'empereur et non chez lui,* ajoutant que Napoléon III avait accepté la chanson *aussi gaiement que le comportait son humeur.* Y compris le dernier couplet :

Puis, ils rêvèrent en silence;
On n'entendit plus que le pas
Des chevaux marchant en cadence;
Le brigadier ne parlait pas.
Mais, quand revint la pâle aurore,
On entendit un vague son.
– Brigadier, répondit Pandore,
Brigadier, vous avez raison.

(1) L'*Intermédiaire des chercheurs et curieux* (30 juillet 1904).

L'HONNEUR DU GENDARME

Le 26 juillet 1885, *le Moniteur de la gendarmerie* écrivait : *Quant aux plaisanteries à l'adresse de Pandore, les gendarmes seraient les premiers à nous désavouer si nous nous en fâchions.*

Il n'empêche qu'il n'y a pas si longtemps qu'un gendarme du Périgord obligeait sa femme à arrêter la radio, chaque fois que Bourvil interprétait *la Tactique du gendarme.*

Je doute que les élèves de Chaumont chantent un jour *Hécatombe,* la chanson de Georges Brassens, dans laquelle les dames de Brive-la-Gaillarde veulent priver les gendarmes des parties les plus nobles de leur individu, jusqu'au moment où elles s'aperçoivent qu'ils n'en ont pas.

Cette chanson déplut fort à un lieutenant (1), pourtant fana de Brassens. Il pondit, sur le même air, 80 vers fort bien cadencés et dans lesquels il proposait gaillardement au chanteur :

On pourrait relever l'outrage
Tout bonnement par procès-verbal.
Moi, je verrais plus d'avantage
Si l'on vous faisait mettre à poil!
Auprès de vous, ne vous déplaise,
Sans pudeur et sans distinction,
Des cognes se mettraient à l'aise
Pour servir de comparaison.
Vous verriez, chanteur anarchiste,
Que sans faire le moindre effort,
Les gendarm's sans êtr' spécialistes
Sont bien montés sous ce rapport...

Le même officier adressa des vers encore plus virulents à Charles Trenet, à propos de *l'Ane et le Gendarme,* chan-

(1) En 1977, l'auteur était lieutenant-colonel et toujours en exercice. Je n'ai donc pas cru devoir citer son nom.

son dans laquelle une fée facétieuse change un gendarme en âne et un âne en gendarme... sans que personne s'en aperçoive.

En revanche, le colonel commandant l'école de Chaumont a décidé de faire chanter à ses élèves les *Trois gendarmes* de Mireille et Jean Nohain, bien qu'on y affirme que les gendarmes ne sont pas toujours des gens sérieux.

★
★ ★

De nombreux gendarmes m'ont parlé avec admiration des livres de Catherine Paysan. Elle a en effet évoqué, avec beaucoup de tendresse et de talent, son père, le gendarme Auguste Roulette. Mais il s'agissait d'ouvrages autobiographiques (1) et les romans mettant en scène des gendarmes sont très rares.

A l'occasion d'une interview télévisée, M. Cochard a déclaré :

– J'ai constaté que même dans Balzac on parle très peu de la gendarmerie. Il y a Giono qui parle un peu de la gendarmerie, notamment d'un chef de brigade, et également Courteline, mais, hélas! dans une pièce trop connue et très brève, dont le titre est évocateur mais pénible : *Le gendarme est sans pitié.*

C'est oublier la comtesse de Ségur qui a fait du brigadier de gendarmerie un des personnages importants de *la Sœur de Gribouille.* Elle a même mis dans la bouche de Nanon, la virulente servante de M. le curé, un résumé à peine exagéré de la vie des gendarmes d'alors : *Un métier de chien!*

(1) *Comme l'or d'un anneau* (Denoël, 1971) et *Pour le plaisir* (Denoël, 1976).

Courir jour et nuit, par la gelée, par la neige, par la pluie, par le vent, par le soleil, par la poussière! Passer des nuits immobile comme une borne à guetter des mauvais sujets, qu'on ne prend pas toujours. Se laisser injurier, assommer, sans seulement rendre une sottise, une gourmade, un coup d'assommoir! Vous croyez qu'il ne faut pas de force, de santé et de courage pour supporter cet ensemble de dégoûts?

Cela n'empêcha pas Caroline, la sœur de Gribouille, d'épouser le brigadier et *leur ménage prospéra de toutes manières.*

Vivant à la campagne, la comtesse de Ségur était plus à même de se rendre compte de l'utilité des gendarmes. Elle les a fait intervenir dans plusieurs autres livres, en particulier dans *Mémoires d'un âne* où Cadichon raconte : *Je me plaçais tout d'abord à la tête de la troupe, et nous nous mîmes en route, l'âne servant de guide aux gendarmes. Ils n'en furent pas humiliés, car ils étaient de bonnes gens. On croit que les gendarmes sont sévères, méchants, c'est tout le contraire : pas de meilleures gens, de plus charitables, de plus patients, de plus généreux que ces bons gendarmes.*

A la différence de la littérature, le cinéma et la télévision se sont intéressés à la gendarmerie. Peu après la guerre 1939-1945, Paul Guimard écrivit le commentaire de *Maréchaussée de France*, un court métrage qui passa avec *les Casse-pieds* de Noël-Noël. Depuis, les gendarmes ont été les héros de divers feuilletons télévisés : *SOS, fréquence 17; A dossiers ouverts; Bonsoir, chef.*

En 1976, la télévision a présenté *le Gendarme de Saint-Tropez* et les autres films de Jean Girault. Mais les pantalonnades de Louis de Funès, Michel Galabru and Co furent diversement appréciées. Pourtant elles étaient sans méchanceté et Louis de Funès a déclaré à Yves Mourousi, le

16 septembre 1972, au cours de l'émission Inter-actualités-magazine :

– J'ai toujours été respectueux de l'uniforme que je portais. Et je me rappelle, il y avait un ami à moi, c'était Christian Marin. Un jour, à l'aéroport de Nice, en train de tourner une scène, il avait retiré sa veste et il a pris une de ces engueulades par un chef gendarme qui croyait que c'était un vrai gendarme.

– Je suis sûr, ajouta-t-il, que les gendarmes m'aiment beaucoup. Et, moi, je leur rends au centuple, parce que j'aime beaucoup, humainement, j'aime beaucoup les gendarmes.

Pour éviter des erreurs trop grossières, certains réalisateurs de cinéma font appel à un conseiller technique.

– Ce fut mon cas récemment, m'a raconté un capitaine. J'ai entendu un badaud dire : « Ils sont bien, ces acteurs. » Puis, en me montrant, il a ajouté : « Celui-là, on dirait un vrai. »

L'acteur principal avait des cheveux trop longs et, comme il ne voulait pas les couper, le réalisateur s'arrangea pour le filmer de face.

– En revanche, j'ai eu beau expliquer qu'un gendarme ne garderait jamais sa cigarette à la bouche, en parlant avec une femme, il n'a pas voulu faire recommencer la scène.

Albert Augier était capitaine dans *Chacal.* Malgré des galons métalliques et une boucle de ceinturon pas très réglementaires, il commença par terroriser l'adjudant qui accompagnait un détachement de vrais gendarmes :

– Si vous désirez que nos rapports soient agréables, je vous demande d'avoir une tenue parfaite.

Le malheureux, merveilleusement briqué et poncé, n'en revenait pas. Jusqu'au moment où Albert Augier avoua qu'il était acteur.

Un peu plus tard, le pseudo-capitaine s'amusa à arrêter une auto et à demander les papiers du conducteur :

– Vous n'avez pas de photo sur votre carte grise?

– Je ne savais pas...

– Nul n'est censé ignorer la loi. Mais je ne suis pas un répressif, je suis un éducatif. Vous vous arrêterez donc au prochain photographe et vous collerez une photo sur votre carte grise.

– Oui, monsieur l'officier.

Se tournant vers l'adjudant, Albert Augier dit triomphalement :

– Vous voyez ce que l'on peut faire avec un uniforme!

Tel est bien l'avis de Pierre-Jean Vaillard qui joue le rôle du colonel dans *Bonsoir, chef*, le feuilleton télévisé écrit par Pierre Billard et réalisé par Pierre Goutas. Il m'a raconté qu'il avait tourné au fort de Charenton, dans le bureau d'un vrai colonel. Entre deux séquences, il alla chercher quelque chose dans sa voiture restée en dehors du fort. Hélas! il la trouva ornée d'une contravention. Il se préparait à la mettre dans sa poche quand un gendarme se précipita :

– Oh! pardon, mon colonel, je ne m'étais pas rendu compte!

Quelques jours plus tard, je fis un tour au fort de Nogent où se tournaient d'autres scènes de *Bonsoir, chef*. Face à un groupe de gendarmes, je fus bien en peine de dire quel était le vrai.

Je ne pus que féliciter le capitaine chargé de contrôler les détails techniques. Avec une belle conscience, il veillait même à ce que la grenade des boutons soit tournée vers le bas et à ce que les décorations correspondent avec l'âge.

– Des décorations bien méritées! dit Louis Lyonnet en me montrant celles qui figuraient sur son uniforme.

– Qu'est-ce que c'est?

Il ne savait pas et le capitaine lui souffla qu'il les avait gagnées en Algérie.

– A votre âge, ajouta-t-il, vous devriez avoir aussi la médaille militaire.

Autre faux gendarme, Jean-Paul Denizon m'a raconté qu'un jour il attendait dans une Estafette, du côté de Bléré où furent tournées quelques scènes. Un passant s'approcha et, le prenant pour un vrai gendarme, demanda :

– Alors, c'est mieux que la police de la route?

– Oui.

– Vous avez bien quelque chose en plus de votre salaire?

– Non, rien du tout.

– Y sont vaches quand même! Allez, y vont bien vous payer un gueuleton ce soir.

Louis Lyonnet était près de Dourdan quand une petite fille arriva de la ferme voisine :

– Ma maman m'a dit qu'il y avait des faux gendarmes.

– Moi, je suis un faux gendarme.

– C'est pas vrai, t'es pas en plastique.

Le prudent se fait du bien, le vertueux en fait aux autres.

Voltaire.

LA MONTURE DU GENDARME

LE MUSÉE de la Gendarmerie possède une très jolie collection d'assiettes humoristiques du XIXe siècle. Sur l'une, on voit une demoiselle offrir un échantillon d'eau de Cologne Jean-Marie Farina à un gendarme qui demande :

– Oh! un peu plus que ça. C'est pour mettre dans mes bottes.

A l'époque, il y avait des gendarmes à pied et des gendarmes à cheval. En 1977, ces derniers ne survivent que dans le cadre de la garde républicaine de Paris. Mais les gendarmes qui étaient à l'école de Mamers, en 1944, se souviennent du cours d'hippologie fait par un vieil adjudant :

– A cheval, sabre au clair, les coups sont les suivants : en avant, pour le cavalier qui vient en face; à droite, pour le cavalier qui vient à droite; à gauche, pour le cavalier qui vient à gauche; au sol, pour le cavalier tombé; en l'air, pour un avion volant bas.

Les chevaux étaient encore utilisés au lendemain de la

guerre 1914-1918 et Catherine Paysan m'a raconté que son père fit ses premières tournées à bicyclette, en compagnie d'un vieux gendarme à cheval.

Cheval et vélocipède ne firent pas toujours bon ménage, du moins si j'en juge par un article de *l'Avenir de la gendarmerie nationale* du 25 mars 1896 : *Il y a dans notre écurie un cheval qui pousse à l'extrême l'horreur des machines; seulement il a une façon particulière de manifester ses sentiments : de loin il chercherait à fuir, mais s'il est surpris par le voisinage d'un vélocipède, il rue dans sa direction. Déjà il a failli atteindre deux ou trois pédaleurs imprudents...*

Le cavalier dont cette bête est la monture désirerait savoir jusqu'où sa responsabilité serait engagée, si ladite monture tuait ou blessait un véloceman qui viendrait frôler son étrier?

La bicyclette avait mis du temps à s'imposer, car il fallut d'abord convaincre les technocrates de l'époque. En 1891, une étude du ministère de la Guerre fut défavorable. Plus avisé, *l'Écho de la gendarmerie nationale* écrit le 23 septembre 1894 : *On peut facilement s'habituer à voir un gendarme lancé sur une route à vélocipède. Ce sera une nouvelle gendarmerie montée dont les montures coûteront à peine un léger entretien, sans ventre et sans poumons, toujours dressées et infatigables.*

Cependant, le reste de l'armée adoptait de plus en plus la bicyclette et, le 17 mai 1896, le général de Saint-Mars écrivait dans une circulaire : *L'ennemi du militaire c'est le poids, et sa qualité suprême, c'est la mobilité. A ce double point de vue la bicyclette est une machine merveilleuse qui réalise l'idéal. Le soldat emporté par ses deux roues d'acier, traverse l'espace comme un projectile intelligent, en dirigeant à volonté, au milieu des obstacles, sa rapide et sinueuse trajectoire. Son moteur, c'est justement la jambe humaine qui semble avoir été construite exprès pour la pédale.*

Les ordres et les renseignements confiés aux cyclistes voltigent comme de légers oiseaux, sur l'échiquier de la bataille et sur toutes les zones voisines, sans compter les distances. Le service de la cavalerie est surpassé et l'emploi du télégraphe est complété.

Mais le cycliste est aussi un facteur efficace de la lutte : soudain des groupes de tireurs habiles surgissent sur des points inattendus, puis disparaissent comme par enchantement. Les rideaux de couverture sont percés, la sécurité de l'ennemi est détruite, ses communications sont bouleversées. Des événements invraisemblables sont devenus faciles par la vitesse et l'imprévu.

Quand on se rappelle le vélocipède d'il y a vingt ans, que l'on compare ses résultats à ceux d'aujourd'hui, on est obligé de constater que, dans ce nouveau progrès, est déjà en germe une arme destructive pour l'humanité...

Heureusement, cette arme nouvelle pouvait également être utilisée de façon pacifique. Des gendarmes se servaient officieusement de leur vélocipède, mais ce n'est qu'en janvier 1899 que l'artillerie livra quelques bicyclettes qui furent mises à l'essai dans les brigades.

L'Écho de la gendarmerie nationale du 6 août 1899 suggéra alors que, *pour garantir les bicyclettes des gendarmes contre les rapts et les enlèvements,* un décret établisse une couleur spéciale et uniforme (rouge par exemple) qui serait réservée à l'armée. Étant entendu que *les particuliers ne pourront en aucune façon avoir leurs instruments peints de cette couleur.*

Le 18 janvier 1901, le général André, ministre de la Guerre, fit enfin connaître sa décision d'adopter la bicyclette pour le service de la gendarmerie à pied. Mais il y eut des critiques. *Le Journal de la gendarmerie* du 14 juin 1901 affirmait que *la discipline et la tenue souffriraient des facilités que donne la vélocipédie pour échapper à la surveillance des chefs; que la santé des hommes serait compromise trop souvent par les chutes, les refroidissements, les maladies que l'usage de la bicyclette occasionne ou développe.*

Le premier modèle adopté, la bicyclette pliante du capitaine Gérard, comportait un dispositif permettant d'accoupler les machines par deux. Ainsi, *un gendarme complètement ignorant dans l'art de la pédale peut, sans aucun apprentissage préalable, monter et circuler à bicyclette avec un camarade cycliste.*

Par la suite, les règlements voulurent que le jeune gendarme roule cinq mètres derrière son ancien qui, étant chef de patrouille, avait l'initiative des opérations.

En 1957, sur une route d'Alsace, l'ancien siffla une auto qui avait un seul phare allumé. Elle ne s'arrêta pas et il fit aussitôt demi-tour, suivi de son jeune camarade. Il pédala pendant un kilomètre dans la direction prise par la voiture, après quoi il s'arrêta et déclara :

– Nous avons engagé la poursuite, elle n'a rien donné, nous continuons notre service.

On trouvait, parmi les anciens, de véritables culs-de-plomb dont les jeunes disaient :

– Dans les côtes, il descend et, dans les descentes, il monte... sur sa bicyclette.

Tel était le cas d'un vieux gendarme des environs de Pontoise qui répétait en bas de chaque côte :

– Celle-là, elle est trop vieille, on doit la respecter!

Sur le plan gastronomique, la bicyclette était inférieure au cheval. En effet, certains anciens ne révélaient pas à leurs jeunes camarades les bonnes maisons, celles où il fallait arriver un peu avant midi et où l'on était assuré de bien déjeuner.

Seulement voilà, quand l'ancien partait en permission, son cheval était sorti par le jeune et il s'arrêtait automatiquement devant les bonnes maisons.

Le truc était bien connu des officiers. Un jour, le commandant de section de Vouziers emprunta le cheval d'un gendarme. Il refit la visite de commune de la veille et s'aperçut que le cheval avait une fâcheuse tendance à s'arrêter devant les débits de boissons.

Nombre de gendarmes utilisaient leur vélo personnel, mais, ô sainte Paperasse, ils devaient d'abord adresser une demande d'autorisation aux autorités compétentes.

C'est ainsi qu'en 1941 un brave gendarme envoya la lettre d'usage au capitaine commandant la compagnie, lequel la transmit au colonel, revêtue de la mention « avis favorable ». Or le colonel exigeait que toutes les demandes soient motivées, ce qu'il fit savoir au capitaine par une note de sa main.

Le capitaine était jeune, donc encore agacé par l'application tatillonne des règlements. Il répondit que le gendarme en question faisait partie d'une brigade dont les autres gendarmes (suivaient les noms et prénoms) utilisaient déjà leur vélocipède personnel. Que, toute patrouille devant être effectuée dans le même uniforme et avec les mêmes moyens de transport, il semblait nécessaire d'autoriser le demandeur à utiliser lui aussi son vélocipède personnel. Bref, il y en avait comme cela une page qui revint avec cette question du colonel : *Est-ce que vous vous moquez de moi?*

Question à laquelle le jeune capitaine se garda bien de répondre.

* * *

Deux fillettes admiraient un avion dans le ciel :

– Regarde l'avion. C'est celui du président.

– Mais non, ce n'est pas celui du président. Il y aurait des motards.

Des motards de Bourges avaient été chargés d'escorter le président Pompidou, par une nuit noire et pluvieuse. Jusqu'au moment où ceux de tête s'aperçurent qu'au lieu de la voiture officielle il y avait derrière eux une bétaillère.

Les motards ne servent pas seulement à escorter « les huiles ». De tout temps, la surveillance des routes a été une des missions importantes de la gendarmerie.

Autoroutes, routes principales et routes secondaires sont réparties entre des escadrons, des pelotons et des brigades dont l'organisation est complexe mais efficace. Une chose pourtant m'a laissé rêveur, l'annexe 3 du règlement de service intérieur : *Dans les brigades dotées de deux motocyclettes, ces véhicules marchent en principe ensemble montés par un seul gendarme.*

Pour l'automobiliste, tous les motards se ressemblent. Déjà beau s'il fait la différence entre les motards C.R.S. que l'on rencontre sur les autoroutes de dégagement et les motards gendarmes qui ont la charge des autoroutes de liaison. Il est vrai que les tenues sont de moins en moins différentes, ce qui agace d'ailleurs les gendarmes :

– Ils ont pratiquement le même casque, le même baudrier que nous. Et il y a de quoi avaler son sifflet, quand on les voit en plus arborer l'aiguillette blanche qui nous vient de la maréchaussée!

La gendarmerie dispose d'autos et de motos, mais on craint davantage ceux qu'un petit Paul de trois ans appelait *les moutards de la route*. Instinctivement, le conducteur donne un coup de frein ou tout au moins vérifie son compteur, tandis que le fils demande :

– Dis, papa, quand est-ce que j'en aurai une comme ça?

La moto a droit à de nombreux surnoms qui bien sûr ne sont pas une exclusivité gendarmique. Elle est *la trottinette, la chiotte, la bouzine, la pétoire, le veau, la brèle* ou même *le tas-de-boue.* Ce qui ne l'empêche pas d'être fort bien entretenue. Car, rappellent les instructions officielles, *une machine impeccable est la marque d'un motocycliste brillant.*

Qu'est-ce qu'un gendarme motocycliste?

Le gendarme motocycliste est un gendarme apparentières.

Cette question et cette réponse me viennent du C.N.F.P.M.G. (alias Centre national de formation des personnels motocyclistes de la gendarmerie) que j'ai été visiter en voisin, puisqu'il se trouve à Fontainebleau, donc à vingt kilomètres à peine de la Cancrerie.

Lors d'une de mes visites, j'ai assisté à l'entraînement des motards du carrousel. Ils évoluaient à vitesse plus ou moins lente, en dessinant des figures compliquées. Sans jamais s'accrocher, sans mettre pied à terre, sans freiner, ils tournaient, se croisaient, avec une merveilleuse aisance.

– Ce sont nos moniteurs, m'expliqua un officier. S'ils voulaient, ils pourraient faire le même exercice debout sur leur moto. Mais nous laissons les acrobaties à la garde républicaine.

J'ai retrouvé les motards de Fontainebleau, un mois après, à l'occasion d'une prise d'armes. Il y eut d'abord des remises de décorations par le directeur de la gendarmerie :

– Au nom du président de la République, nous vous conférons la médaille militaire.

La cérémonie terminée, les motards entrèrent en piste. Malgré la chaleur, ils portaient la tenue d'hiver, avec la vareuse noire à retroussis rouges, celle qui leur vaut le surnom de *culs rouges*. Tandis que la Batterie-fanfare de la garde républicaine jouait, m'a-t-on expliqué, « des allégros militaires enchaînés selon la formule du jazz moderne ».

Bien entendu, les gendarmes qui font un stage motocycliste ne pourraient pas participer au carrousel. En douze semaines, ils deviennent des bons pilotes, ce qui n'est pas si mal.

Au cours du stage, chaque gendarme passe 80 heures sur les pistes d'entraînement et parcourt 1 800 kilomètres sur route, dont 270 de nuit. Le rythme est le même pour les stagiaires étrangers et l'on m'a raconté la mésaventure d'un Mauritanien qui fit sa première sortie sur route, en direction de Montargis.

Tout alla bien jusqu'à un certain point où la route longe la voie ferrée. Soudain, un train surgit en sens inverse et le Mauritanien affolé se réfugia de l'autre côté de la route, manquant emboutir une auto.

Arrivé par avion, de son pays, il n'avait jamais vu de train et personne n'avait songé à lui expliquer ce que c'était.

La conduite va de pair avec la théorie qui donne parfois l'occasion de recueillir des perles.

– Comment doit être la trajectoire dans une courbe à faible rayon? demandait-on à un stagiaire.

– La trajectoire doit être de façon que l'on rentre son centre pour sortir à droite.

Ce qui est une façon un peu particulière d'expliquer la nécessité de se déporter vers le milieu de la route pour mieux prendre un virage.

Il est vrai que, selon un élève gendarme, *il existe des virages peu accentués, dans les lignes droites notamment.*

Lors du stage, les futurs motards apprennent à bien s'exprimer. Un instructeur, dans une jeep, joue le rôle de l'automobiliste. Parfois, un stagiaire lui dit :

– Monsieur, voulez-vous éteindre votre moteur.

L'instructeur se met alors à souffler sur son moteur. En revanche, quand un stagiaire lui demande de couper son moteur, il sort une pince coupante.

– Monsieur, voulez-vous, s'il vous plaît, me montrer vos papiers.

La formule est certes courtoise. Pourtant, l'instructeur présente un paquet de journaux, car il aurait aimé qu'on lui dise :

– Monsieur, voulez-vous, s'il vous plaît, me montrer les papiers afférents à la conduite du véhicule.

Un stagiaire n'avait pas bien compris (moi non plus d'ailleurs) les raisons pour lesquelles une moto reste en équilibre sur deux roues. Centre de gravité, force centrifuge, tout cela se mélangeait dans sa tête et, quand il fut interrogé sur les raisons de l'équilibre du motard et de la moto, il répondit :

– Si on coupe le motard et la moto par un plan vertical, on doit obtenir deux parties égales.

J'ai passé une soirée avec des jeunes stagiaires, mais ils n'avaient pas encore d'histoires de moto à me raconter. En revanche, j'ai eu plus de chance avec une centaine de chefs de peloton qui, eux, venaient à Fontainebleau pour un stage de recyclage.

C'était en pleine canicule et ils avaient passé l'après-midi sur les pistes les plus difficiles de la forêt, mais aucun ne semblait fatigué, pas même le doyen à qui je demandai son âge :

– Quarante-huit ans, six mois, dix-sept jours et en pleine forme! Même pas d'ennuis de colonne vertébrale!

Le président du stage, un adjudant-chef corse, était fils, petit-fils et arrière-petit-fils de gendarme. Mais son fils à lui ne serait pas gendarme.

Des confidences, on passa aux perles et aux anecdotes.

J'en racontai, on m'en raconta et un adjudant me dit à la fin de la soirée :

– C'est la meilleure conférence du stage.

Une conférence dont je repartais chargé de perles. Par exemple, l'histoire d'un motard qui, patrouillant entre Bordeaux et Libourne, transmit ce renseignement sur l'état de la route :

– Il y a du brouillard dans les deux sens.

★★★

François (trois ans) aurait bien voulu que son papa achète une auto.

– Si nous achetions une auto, il faudrait vendre ton petit frère, tu l'aimes trop pour ça!

François réfléchit, puis soudain :

– Mais alors, si on vendait maman, on pourrait s'acheter un autocar.

Une autre mère n'avait qu'une auto pour partir en vacances, avec ses enfants.

– Je ne retrouve pas la route, dit-elle.

Un moment se passe et Olivier (deux ans et demi) s'écrie :

– Moi, je sais où elle est, la route. Elle est par terre.

Les automobilistes égarés ont quelquefois la chance de rencontrer un motard à qui ils demanderont par exemple :

– Pour aller à Aix, s'il vous plaît?

– Mais vous en venez, madame.

– Je vous demande bien pardon. J'ai vu des panneaux indiquant AIX-EST et AIX-OUEST, mais je n'ai pas vu AIX-EN-PROVENCE.

Lorsqu'il s'agit d'un étranger, il n'est pas toujours facile de comprendre ce qu'il veut. Interrogés par un Anglais, des motards se regardèrent, perplexes :

– Sa cantine! Comment pourrions-nous savoir où est sa cantine?

– Elle était sans doute sur la galerie. Elle a dû tomber.

Les motards sortirent une carte, prêts à partir à la recherche de la cantine. Mais soudain, illumination : l'Anglais ne cherchait pas sa cantine, il voulait aller à Saint-Quentin.

Les instructions données aux gendarmes de la route insistent beaucoup sur la correction de la tenue et rappellent que *le laisser-aller est toujours incompatible avec l'idée d'autorité.*

L'autorité est particulièrement nécessaire lorsqu'il s'agit de régler la circulation. Mais je ne crois pas que tout mot d'esprit soit interdit.

Un jour, un gendarme de Melun s'efforçait, à grands coups de sifflet, de désembouteiller un carrefour.

– Faites attention de ne pas avaler votre sifflet, cria un automobiliste.

– Et le cordon, ça sert à quoi?

Honnis lorsqu'ils verbalisent, les gendarmes deviennent merveilleux s'ils réparent une panne. Ainsi, aux environs d'Arras, où un homme contemplait d'un air désespéré son moteur qu'il n'arrivait plus à remonter.

Un gendarme remit les choses en place, vérifia l'allumage et trouva même, dans le coffre de la voiture, une bobine de rechange qu'il bricola à l'aide d'une attache de fortune. Le tout en dix minutes et bien sûr gratuitement.

Voyant une auto arrêtée, près de Muret, un motard particulièrement corpulent s'approcha et demanda :

– Que se passe-t-il?

– On est en panne, expliqua un des occupants de la voiture.

Avec un bel accent algérien, il ajouta que son copain et lui allaient voir les filles à Toulouse. Parce qu'à Lannemezan il n'y en avait pas.

– Ça coûte cher? demanda le motard.

– Les petites blondes, avec une mini-jupe, des jolies bottes, c'est dix mille.

– Oui, ajouta l'autre, mais les grosses, comme toi, ça coûte que trois mille.

Un Anglais dont la voiture se trouvait également en panne était parti à la recherche d'une pièce de rechange. Il y avait quatre heures de cela et bébé réclamait à cor et à cri son biberon. Arrive un motard, qui comprit mieux les braillements du bébé que les explications de la mère. Il remonta sur sa moto et, vingt minutes après, il était de retour avec un biberon de lait chaud.

Le brave gendarme avait bien mérité le surnom d'ange de la route. Tout comme celui qui arrêta une voiture sur le toit de laquelle était fixé un landau.

– Votre landau est en train de se détacher, dit-il.

Dedans, il y avait un bébé et le motard qui me racontait cette histoire en frémissait encore.

Naturellement, il y a des limites à l'obligeance des anges de la route :

– Un dimanche, un automobiliste voulait absolument que je lui donne deux cents francs en échange d'un chèque, parce qu'il détestait ne pas avoir d'argent sur lui. Là, j'ai tout de même refusé.

Ce qui n'empêche pas certains gendarmes de dépanner parfois financièrement des automobilistes en détresse. Tel cet adjudant de motards qui recueillit deux jeunes Allemandes, près d'une bagnole irréparable, et les confia à sa fille pour qu'elles passent la nuit chez lui.

Le lendemain, il trouva un automobiliste partant en Allemagne et il ajouta un petit billet pour les frais de route des demoiselles :

– Si mes enfants étaient dans la même situation, ils seraient certainement heureux qu'on les aide.

Pandore n'a donc pas changé depuis un siècle, quand le colonel Ambert écrivait : *Lui aussi a une famille et sous ses blanches aiguillettes bat un noble cœur. Il songe à sa femme, à son enfant et, remettant son sabre au fourreau, il sort sa bourse pour sauver les pauvres gens.*

Toutes les autos arrêtées sur une route départementale ne sont pas en panne. Des motards, étonnés de trouver une voiture vide, furent encore plus étonnés de découvrir, derrière la voiture, un couple de Parisiens en train de déjeuner.

Tables et chaises avaient été installées sur la route, il est vrai peu fréquentée, et les déjeuneurs expliquèrent :

– Les bords de la route sont poussiéreux et, comme vous le constatez, les prés sont clôturés. Alors, nous sommes mieux ici.

Et, moi, je commence à réaliser pourquoi la Direction de la gendarmerie souhaite que l'expression *police de la route* soit remplacée par *police sur la route.*

– J'étais un jour de service au P.C., m'a raconté un motard, quand le téléphone se mit à chanter. Vous savez que, peu après l'ouverture de l'autoroute du Sud, des bornes ont été installées d'où les automobilistes pouvaient nous téléphoner. Venant de la borne 16, une voix me dit : « Je suis en panne d'essence à votre station, mais je ne trouve pas le tuyau. »

Une autre fois, et le cas n'est pas unique, une dame téléphona d'un parking :

– J'étais aux toilettes et mon mari est reparti en m'oubliant.

Il y a des « clients » surprenants. Un motard avait vu le

passager d'une auto descendre un peu avant l'arrêt et s'étaler sur le bas-côté. Il se précipita :

– Avez-vous besoin d'aide? Vous n'êtes pas malade?

– Non, non, dit l'homme en brossant son pantalon. C'est toujours comme ça que je descends.

Les gens âgés ont parfois une façon bien à eux de conduire. Sur la nationale 12, entre Nonancourt et Armentières, deux motards remarquèrent une 4 CV Renault qui roulait systématiquement au milieu de la chaussée. Le conducteur à cheveux blancs sortit un permis, véritable pièce de musée, datant de l'époque des voitures à pétrole, et accepta de bonne grâce les remontrances des gendarmes. C'est alors que ceux-ci remarquèrent une petite caisse sur la galerie de l'auto.

– Voyez-vous, expliqua le vieil homme, des voitures comme celle-ci, il y en a des tas à Paris. Alors, avec ma petite boîte, je repère tout de suite la mienne.

La 4 CV repartit, cette fois bien à droite. Mais, un moment après, un automobiliste s'arrête près des motards et leur signale qu'une 4 CV est tombée dans un fossé.

– Le conducteur n'est pas blessé, ajoute-t-il.

– Je parie que c'est le grand-père, dit un des gendarmes.

C'est lui en effet, pas du tout content :

– Voyez, messieurs, vous m'avez dit de rouler à droite. Voilà le résultat.

★★★

Le 31 décembre 1975, aux informations télévisées Poitou-Charentes, quelques conseils furent donnés aux automobilistes :

– Si la voiture part en glissade, il faut contrebraquer légèrement et essayer de mourir le plus lentement possible.

Hélas! les conducteurs prudents sont à la merci d'un chauffard. Il suffit de lire ce compte rendu d'accident, établi en 1962 par un gendarme camerounais :

Vers 14 h 15, je quitte le domicile du... pour constituer l'état d'accouchement de mon épouse légitime... par la permission verbal de mon Capitaine.

Je vais à la Maternité, et de la Maternité à la Mairie, et la Mairie à son tour m'envoi à l'Infirmerie de garnison pour une pièce d'état-civil. Je me dirige vers la Garnison en suivant la rue qui mène de la vallée de morts à l'infirmerie de garnison, comme j'arrivais déjà dans le carrefour avec la rue qui vient de la voirie aux cents cases, je freine pour regarder à gauche et à droite aussi bien qu'en face de moi comme je ne vis aucun autre engin venir ou passer, je me suis engagé dans la rue que je suivais. Je dépasse l'axe central de la rue à ma croissance. Je pose déjà la première roue de mon engin sur le début d'attache de ma rue en itinéraire, j'entends brusquement un choc très drôle sur la portée d'arrière de ma machine. Comme des rèves sans une secouche de poussé je me trouve projeté dans les herbes, très loin du côté gauche de cette rue qui va vers les cents cases du côté droit de mon itinéraire. Cependant j'étais ramassé par une voiture qui avait une allure d'étincelle et qui roulait complètement à son à gauche...

Sur la nationale 36, un camion de quinze tonnes avait écrasé une 4 L contre une autre voiture. Miraculeusement indemne, le conducteur de la 4 L donna toutes les indications aux gendarmes, tandis que l'ambulance emmenait le conducteur du camion. Il avait été tellement traumatisé à l'idée d'avoir tué quelqu'un qu'il ne pouvait plus parler et qu'il dut passer deux jours à l'hôpital.

Dans un autre accident, deux voitures étaient complètement disloquées. D'où l'étonnement des gendarmes arrivés sur les lieux, et en particulier du commandant de brigade qui, grand pondeur de perles devant l'Éternel, remarqua :

– En voyant qu'il n'y avait que des blessés légers, j'ai été sinéré!

L'enquête permit de conclure qu'un des conducteurs avait commis une faute grave.

– Tant pis pour lui, conclut le commandant de brigade, il l'aura dans le dada.

Les blessés évacués, la circulation rétablie, les témoins interrogés, il reste à rédiger un procès-verbal :

Les chiens renversèrent le cycliste et s'enfuirent en laissant celui-ci par terre.

Je me trouvais sur le trottoir, lorsque j'ai vu venir vers moi une femme suivie d'une camionnette.

La voiture a fait un tête à tête.

A 25 mètres de là, une grande quantité de pommes à cidre sont éparses sur la route, ainsi que la voiture de M. P...

Le camion a continué sa route après audition.

Le véhicule a été contraint de s'arrêter quelques kilomètres plus loin, ses occupants s'étant enfui à pied.

Le véhicule tombé à quarante mètres en contrebas ne gêne pas la circulation.

Les Français ont toujours été indulgents avec les ivrognes. Le piéton qui roule dans un fossé ne fait (en principe) de mal qu'à lui-même. Mais les automobilistes qui ont trop bu sont un danger public et la justice ne sévira jamais assez contre eux.

Ou alors qu'ils suivent l'exemple de cet habitant des Côtes-du-Nord : *J'ai refusé,* déclara-t-il, *de me soumettre à la vérification clinique médicale avec prise de sang ayant peur d'être condamné à une peine d'emprisonnement. Je suis marié et père de cinq enfants et pour que ces inconvé-*

nients ne se reproduisent plus, j'ai décidé de me débarrasser de ma voiture automobile.

Les gendarmes disposent d'alcootests, sortes de ballons dans lesquels ils font souffler les ivrognes présumés. Si le test est positif, ils peuvent demander une prise de sang dont les résultats seront joints à un P.V. du genre : *Avait du mal à tenir son équilibre et son vélocipède.*

Tout le monde n'est pas d'accord : *Elle refusa de souffler dans l'alcootest parce qu'elle était enceinte.*

Le délit de fuite est toujours grave, même quand on essaye de se justifier : *Si je ne me suis pas arrêté après avoir causé cet accident, c'est parce que je n'étais pas assuré... Je n'ai pas eu vraiment l'intention de m'enfuir... L'état de mon véhicule ne me le permet d'ailleurs pas. Si le conducteur du véhicule que j'ai heurté avait fait demi-tour, il m'aurait facilement rattrapé.*

Souvent les premiers sur le lieu de l'accident, les gendarmes commencent éventuellement à s'occuper des blessés, avant l'arrivée de sauveteurs plus qualifiés et mieux équipés.

– Venez vite, avait téléphoné un automobiliste, il y a une femme en manteau de fourrure mortellement blessée sur la nationale sept.

Quand les pompiers, prévenus à leur tour, arrivèrent sur les lieux, ils furent étonnés de voir les gendarmes tout souriants :

– La dame au manteau de fourrure, c'est un sanglier.

Une autre fois, l'appel concernait un cyclomotoriste à la jambe cassée, mais là aussi nul besoin de médecin. Seulement d'un menuisier, car le cyclomotoriste avait cassé sa jambe de bois.

Souvent, hélas! il y a des vrais blessés et un P.V. d'accident contenait la copie d'un certificat médical où l'on pouvait lire : *Fracture de la 97e côte droite.*

Certains blessés ne reprennent pas tout de suite connaissance. Une vieille demoiselle se réveilla après huit jours de coma :

– Et mon chat? demanda-t-elle.

Le chat était sauf et un gendarme, ami des bêtes, l'avait pris en pension.

Les accidents suscitent, hélas! une curiosité malsaine. Une jeune femme venait de se tuer sur l'autoroute du Sud. Une voiture, arrivant dans l'autre sens, se rangea sur le bas-côté. Le père, la mère et trois enfants traversèrent l'autoroute.

– Vous voulez quelque chose? s'enquit un gendarme.

– Non, nous venons voir le spectacle.

– Eh bien, pour voir le spectacle, il faut payer.

Le gendarme sortit son carnet et rédigea cinq amendes forfaitaires à vingt francs pour traversée à pied de l'autoroute.

Afin de mesurer les distances, lors des constatations d'accidents, certaines unités de gendarmerie disposent de topodomètres. Faute de cet appareil, on peut suivre les consignes transmises, le 4 avril 1921, par le chef d'escadron commandant la compagnie d'Eure-et-Loir : *Il m'a été donné de constater que des gendarmes ne savent pas mesurer les distances au pas.*

Faire immédiatement étalonner le pas ordinaire de chacun, allure habituelle de l'homme sur 200 mètres, aller et retour, pour corriger les erreurs d'inclinaison du terrain et inscrire au rouge, première page du Cahier de déclaration, le nombre de pas par 100 mètres.

Si c'est 130 par exemple en partant du pied droit pour mesurer une distance, on compte sur le pied gauche et chaque fois où l'on arrive à 13, soit 20 mètres, on lève un doigt; chaque cinq doigts levés correspondra à cent mètres; on met alors un petit caillou dans la main ou la poche afin d'éviter de s'arrêter pour de longues distances...

Ce texte, cité dans *le Progrès de la gendarmerie,* a été reproduit, le 23 avril 1921, par *le Progrès civique,* journal de critique politique et de perfectionnement social, qui ajouta : *Au fond ce n'est pas bête le truc du commandant, mais les gens à l'esprit mal tourné sont capables de s'esclaffer en s'imaginant nos braves gendarmes jouant au doigt mouillé ou au Petit Poucet.*

Cela vaut mieux pourtant que de les exercer au maniement de la grenade et du fusil mitrailleur comme on continue à le faire.

★★★

Vers 1959, sur une route étroite, près de Sidi-Bel-Abbès, un officier de gendarmerie klaxonnait derrière une voiture à âne. En vain, car elle restait imperturbablement au milieu de la route. Lorsque l'officier réussit à doubler, il arrêta la voiture, mais le vieil Algérien qui la conduisait expliqua :

– Si j' vais par là, tu m' dis que j' dois aller à droite. Mais si j' vais par ici, tu m' dis que la droite elle est de l'autre côté. Alors, pour pas me tromper, j' vais au centre.

On met des panneaux sur les routes, parce que si on n'en mettait pas, il y aurait des tas de morts, des tas de blessés, et toutes les voitures, tous les camions, tous les vélos seraient dans un grand tas de ferraille. Ce texte d'un Thierry de six ans sert d'exergue à un article sur *la Prévention routière à l'école maternelle* (1).

Il n'est jamais trop tôt en effet pour enseigner le Code

(1) Par le capitaine Cassagnou, dans *la Revue d'études et d'informations de la gendarmerie nationale* (2e trimestre 1972).

de la route et, dès le cours élémentaire, les élèves savent qu'*un croisement c'est deux voitures qui se coupent.* Ou encore que tel panneau indique qu'*une route secondaire vient se jeter dans une route à grande circulation.*

Souvent, la vérité sort de la bouche des enfants et ce sont eux qui donnent les meilleurs conseils sur les précautions indispensables en cas d'accident : *Lorsqu'il y a une voiture qui prend feu, il ne faut pas jeter de cigarette allumée.*

En 1975, à Papeete, un motard vit passer devant lui une auto, dans laquelle se trouvait une dame, mais qui apparemment n'avait pas de chauffeur. L'auto arrêtée, il découvrit derrière le volant un enfant d'une douzaine d'années dont la tête arrivait à peine au niveau du pare-brise.

– Il a son permis, dit la mère.

Elle montra triomphalement le certificat que les motards donnent aux écoliers ayant bien répondu à des questions sur le Code de la route.

Les réponses ne vont d'ailleurs pas sans perles et la plus classique concerne le panneau *Attention priorité à droite* qui devient *Attention propriété à droite.*

Un motard m'a aussi raconté qu'un jour, à Beaurepaire, un gamin de neuf ans avait très bien reconnu les huit premiers panneaux.

– Je lui ai montré celui d'interdiction de klaxonner et il m'a dit : « Interdit de traverser la route en jouant de la trompette. »

C'est que le gendarme à pied... Doit être à cheval tout le temps... Dessus les règlements.

Émile Carré : *Les Gendarmes à pied.*

LE SIFFLET DU GENDARME

À L'ÉCOLE, la maîtresse explique le sens du mot « bredouille ». Pour prouver qu'il a compris, Pascal (sept ans), fils de gendarme, prend la parole :

– Quand mon papa rentre à la maison sans avoir fait de contraventions, il est bredouille et il n'est pas content.

Le Mémento de la police de la route est pourtant formel : *Vous n'êtes pas en embuscade. Vous n'êtes pas là pour faire la chasse aux infractions. Vous avez d'abord une mission préventive que vous remplissez par votre seule présence. Il faut donc que l'on vous voie.* Particulièrement au moment des départs en vacances, quand on applique ce qu'un futur motard appelait *le plan prime vert.*

Un de mes amis m'a demandé s'il était vrai que l'avancement des gendarmes était fonction du nombre de contraventions dressées. Un autre croyait que les gendarmes touchaient un pourcentage sur le montant des amendes.

– Non, m'ont répondu les officiers que j'ai interrogés. D'ailleurs, un gendarme pourrait relever deux cents infractions par jour. Nous préférons essayer d'analyser la situation dans un sens constructif et avec modération.

Les gendarmes ont le choix entre trois solutions : un avertissement, une amende forfaitaire ou un procès-verbal, dans lequel on lira par exemple : *A l'aide des gestes réglementaires et de notre sifflet à roulette, nous avons intercepté ce véhicule...*

Il peut arriver que les gestes ne soient pas tout à fait réglementaires. Vers 1960, un gendarme de Dordogne fit signe à une auto de s'arrêter, puis il s'approcha, tout en finissant de rouler une cigarette :

– Alors, dit-il sans regarder dans la voiture, on roule comme des fous?

Le seul ennui est que, dans la voiture, il y avait un colonel de gendarmerie.

Mieux vaut ne pas imiter non plus le gendarme mobile qui réglait la circulation à un carrefour de la Côte d'Azur, quand une auto lui passa au ras des pieds.

– Alors, petit canaillou, dit-il au chauffeur, on n'a pas vu le méchant gendarme?

Cette fois, le chauffeur n'était pas colonel de gendarmerie, mais tout de même procureur de la République.

Un gendarme se rendait à la poste de Roubaix. Soudain, il se trouva nez à nez avec une auto qui circulait en sens interdit. Geste d'arrêt, demande de papiers.

– Madame, remarqua le gendarme, vous avez le même nom que notre chef de corps.

– Je suis la femme de votre colonel.

– Madame, bien que cela justifierait amplement un procès-verbal, je vais vous infliger un avertissement. Vous allez faire marche arrière et je vous guiderai pour que vous puissiez prendre le bon chemin en toute sécurité.

Au retour, le gendarme encore tout ému rendit compte

à son capitaine qui, quelque temps après, rencontra la femme du colonel.

– Remerciez votre gendarme d'avoir été indulgent et surtout de n'avoir rien dit à son mari.

Une institutrice eut moins de chance :

– Quand je pense, se plaignait-elle, que j'ai eu les sept gosses de ce gendarme, les uns après les autres, dans ma classe; qu'ils m'en ont fait voir de toutes les couleurs et que maintenant le père me colle une contravention!

Les fiches d'instructions techniques concernant la police de la route précisent : *S'il est fait état de titres indiscutables, soyez polis sans être obséquieux. S'il est fait état de relations... demeurez imperturbables.*

Néanmoins, quand on est jeune dans le métier et que l'on s'aperçoit que le contrevenant est substitut du procureur, il est normal d'en référer à son commandant de brigade, un peu plus loin sur la route. Et le commandant de brigade annonça au substitut :

– Nous avons décidé de vous faire un avertissement.

– Je suis désolé. Votre gendarme avait dit qu'il me dressait contravention. J'exige d'être pénalisé. Mes amis prétendent que je ne paye jamais d'amendes. Je tiens à leur prouver le contraire.

– Moi aussi, m'a raconté un capitaine de gendarmerie, j'ai exigé de payer une amende forfaitaire de dix francs. Vous ne pouvez pas savoir le nombre d'apéritifs que j'ai gagnés avec mon reçu.

Une brigade bien organisée transmet ses procès-verbaux au parquet dans les délais les plus brefs. En cas d'intervention, le commandant de brigade pourra toujours répondre :

– Le P.V. a déjà été envoyé au parquet. Nous l'avons posté ce matin.

Libre à lui d'ajouter :

– Si vous m'aviez appelé plus tôt, ç'aurait été avec plaisir que je l'aurais déchiré.

Mais cela il le pense d'autant moins que, le téléphone à peine raccroché, il appelle l'auteur du P.V. :

– Dépêchez-vous de terminer. Il faut que ça parte avant la levée du courrier.

Il n'empêche que les gendarmes font parfois des fleurs. Ils ont leurs amis, comme tout le monde, et ils savent juger avec indulgence une situation particulière.

La mansuétude n'est pas sans limites et un maréchal des logis-chef dit un jour à un de ses amis :

– Je t'ai demandé à plusieurs reprises de ne pas stationner devant cette entrée. Cette fois-ci, je te mets une contravention. Après, tu viendras boire l'apéritif à la maison.

Dans la même ville, gendarmes et policiers évitent en principe de se marcher sur les pieds :

– Un jour, m'a raconté un capitaine, je suis arrivé au moment où trois de mes hommes venaient de découvrir une contredanse sur leur pare-brise. Comme ils savaient où les flics garaient leur voiture, ils se préparaient à effectuer une opération de représailles. Je les ai calmés et j'ai été voir le commissaire, qui bien entendu a arrangé les choses.

– Après tout, m'a dit un officier, quand un médecin va consulter un confrère, il ne paye pas. Disons que chez nous c'est un peu la même chose.

– Ne croyez pas que ce soit toujours comme ça, m'a affirmé un colonel. Le képi que l'on laisse en évidence dans la voiture n'est plus une protection.

Peut-être parce que trop de petits malins ont utilisé le truc!

– Lorsque j'étais en stage, m'a raconté un motard, les flics de la ville nous cherchaient des crosses au sujet du stationnement de nos voitures. Un jour, ils voulaient même emmener la mienne en fourrière. Croyez-moi, si j'en pique un dans mon secteur, je ne le louperai pas.

Un capitaine de gendarmerie passait ses vacances en Espagne. Il s'arrêta à Benicarló pour visiter l'église. A la sortie, un policier lui expliqua que le stationnement était interdit.

Le panneau d'interdiction était vraiment petit, mais l'amende aussi : 125 pesetas. Le capitaine ne chercha pas à arguer qu'il était un gendarme français. Il tendit deux billets de cent pesetas.

L'Espagnol n'avait pas de monnaie. Aller en chercher? Non, pas la peine. Sur la contravention, il raya 125 et écrivit 100, puis rendant le deuxième billet il désigna le filleul du capitaine :

– Para el pequeño (pour le petit).

★★★

Quelque part sur l'autoroute du Sud, des motards faisaient signe à une automobiliste de ralentir.

– Ils sont gentils, marraine, dit Serge (sept ans), ils te disent bonjour.

Deux autres motards arrêtèrent André et Monique. L'un était de Toulouse, comme Monique; l'autre du Jura, comme André. Chacun à une portière, ils parlèrent du pays avant de demander :

– Pourquoi rouliez-vous si vite?

– C'est l'heure du biberon de la petite.

Un bébé dont la mère est de Toulouse et le père du Jura, ça mérite d'être protégé. Non seulement il n'y eut pas d'amende, mais les motards restèrent près de la voiture, afin d'éviter un accident.

Isabelle avait transporté trois enfants dans la benne de sa camionnette et ceux-ci faisaient des grimaces aux passants, y compris un gendarme qui, après les admonestations de rigueur, finit par conclure :

– C'est bon pour cette fois. Entre collègues, on ne va pas se dresser contravention.

– Comment ça « collègues »?

– Oui, je vois sur votre camionnette que vous êtes artisan. Nous faisons tous deux partie des petites entreprises.

Une petite entreprise qui, en 1975, a tout de même relevé 3 230 700 infractions. Mais les instructions officielles conseillent une certaine tolérance pour les conducteurs de bonne foi dont les fautes bénignes sont sans conséquences graves. C'était le cas d'un automobiliste que deux motards repérèrent sur une piste cyclable, du côté d'Arras :

– Je restais là, dit-il, parce que je ne voulais pas franchir la ligne jaune.

Continue ou discontinue, la ligne jaune (devenue blanche) est une mine de contraventions. Un touriste britannique avait ainsi franchi la ligne blanche et le motard de service voulut verbaliser. Faute de parler l'anglais, il sortit de sa poche un petit opuscule sur lequel figurait : *Vous avez mérité une contravention.*

– Oh! thank you, dit le Britannique qui mit l'opuscule dans sa poche et remonta en voiture.

Le motard fut tellement étonné qu'il laissa partir son client et l'opuscule avec.

Un autre motard demandait à une dame :

– En conduisant comme ça, vous n'avez jamais eu de contraventions?

– Non, mais j'étais plus jeune!

J'ai demandé si les jolies femmes ne bénéficient pas d'une certaine indulgence.

– Mes gars sont logiques, m'a répondu un adjudant. Quand on met en cause la vie humaine, il n'y a pas de beauté qui tienne.

– Oui, mais avouez que lorsque l'infraction n'est pas trop grave...

– Cela fait partie de la galanterie, a convenu un autre adjudant.

Combien de conductrices en tout cas qui, pendant que l'on examine leurs papiers, laissent remonter leur jupe!

– Nous avons parfois droit à tout le panorama!

D'autres dames pratiquent la crise de larmes, ce qui, paraît-il, ne réussit pas mal.

Quelque part dans le Jura, un motard verbalisait. Il pleuvait et la conductrice proposa :

– Montez donc. Vous mouillez votre carnet.

Le motard continua à écrire dans la voiture, tandis qu'une main se posait sur son genou.

– Peut-être pourrait-on s'arranger autrement?

La contrevenante était jolie, l'infraction n'était pas très grave. « Ah! si j'avais été seul! confia le motard, mais mon camarade attendait derrière. »

Un autre motard arrêta une célèbre actrice de cinéma qui venait de commettre une infraction. L'actrice déploya tout son charme et le motard discuta longuement avec elle de ses films, de ses projets. Après quoi, il dit :

– Eh bien, maintenant, donnez-moi vos papiers que je vous établisse votre contravention.

Inversement, on m'a cité un motard, ou plutôt un ex-motard, opérant sur la Côte d'Azur et qui proposait franchement un échange de bons procédés aux jolies contrevenantes. Au moment où il fut prié de donner sa démission, il y avait 52 prénoms sur son agenda, avec en face davantage de oui que de non.

Un jour, le lieutenant commandant un peloton motorisé vit arriver un homme hors de lui qui annonça :

– Ma femme me trompe avec un de vos motards. Si je le trouve, je le flingue.

Le lieutenant en référa aussitôt à son colonel qui voulut prendre la chose de façon joviale :

– Monsieur, dit-il au mari mécontent, c'est un honneur d'être fait cocu par un gendarme!

Il n'empêche que le trop séduisant motard (dont le dossier était par ailleurs assez chargé) fut fermement prié d'aller poursuivre ses exploits ailleurs.

En revanche, rien n'interdit de tourner un compliment. Jehanne, ma femme, rentra un soir fort contente, parce qu'après avoir vérifié ses papiers un motard lui avait dit :

– Ah! bravo! Continuez comme ça. Jamais on ne vous donnerait votre âge!

Il avait ensuite demandé si elle était parente de l'auteur de *la Foire aux cancres* et ils avaient parlé bouquins, sous l'œil exaspéré du second motard qui, vu le froid, aurait bien voulu repartir.

Un maréchal des logis-chef m'a raconté qu'un jour Jean Richard descendit de la voiture qui venait d'être piégée au cinémomètre.

– Il m'a dit avec un sourire : « Je crois que c'est mon tour. » Eh bien, je ne sais pas pourquoi, mais je me serais senti bête de le verbaliser.

Michel Polnareff eut moins de chance avec un autre maréchal des logis-chef. Il est vrai que la Mustang du chanteur était dépourvue de vignette.

– Moi, j'en achète bien une, il y a pas de raison!

Pas de raison, en effet, qu'un nom célèbre soit automatiquement un gage d'impunité. On m'a raconté que, près de Rouvray, un motard siffla une Mercedes blanche qui venait de mordre la ligne continue. Le conducteur et son passager étaient les champions cyclistes de l'époque :

– Moi, c'est Anquetil, et lui, c'est Darrigade.

A quoi le motard répondit :

– Moi, c'est Bébert, et c'est trois mille balles.

Vers les années 60, un motard arrêta une DS borgne, sur la nationale 20. Le chauffeur eut beau dire qu'il conduisait un ministre, le motard resta de marbre :

– Je ne peux pas vous laisser repartir.

Le ministre descendit et insista à son tour.

– Je suis désolé, mais la voiture restera ici tant qu'elle ne sera pas en état de rouler normalement, ou alors je vais vous escorter jusqu'à un garage.

Le ministre, dont la nervosité était légendaire, protesta, s'agita et finit par taper du poing sur le capot. C'est alors que, ô miracle! le phare se ralluma.

– Monsieur le ministre, dit le motard, vous pouvez repartir.

Les gendarmes se montrent généralement assez compréhensifs avec les médecins qui sont toujours plus ou moins supposés répondre à un appel urgent.

Un toubib m'a raconté que, sur la nationale 20, un motard s'apprêtait à lui dresser procès-verbal, pour excès de vitesse, quand il rangea soudain son carnet :

– Ah! vous êtes docteur! Alors je vais vous demander quelque chose. Sur ma dernière radio, il y a écrit *aorte déroutée*. Est-ce que c'est grave?

Durant la traversée de certaines villes, il est interdit de doubler. Un lieutenant de gendarmerie, qui roulait à la vitesse autorisée, se rendit compte qu'une auto allait le dépasser. Il lui fit signe de s'arrêter.

L'automobiliste était un magistrat :

– Mon lieutenant, dit-il avec un léger sourire, je me

permets de vous faire remarquer que l'infraction n'est pas consommée.

Le lieutenant se préparait bel et bien à verbaliser.

– Monsieur, dit-il, je me permets de vous faire remarquer que je n'avais pas l'intention de relever une infraction. Je voulais seulement vous rappeler que le dépassement est interdit.

***

Un Jérôme de cinq ans avait vu les cosmonautes circuler sur la Lune, dans leur véhicule d'exploration.

– Mamie, eux, au moins, ils n'auront pas de P.V.

Lorsque l'infraction peut être réglée par un timbre-amende, les gendarmes rédigent ce qu'ils appellent *un trois lignes*. Ce fut le cas près de Muret, pour le conducteur d'une vieille Juva 4.

– Fais-lui un trois lignes, dit un des motards.

– Combien ça va me coûter? s'enquit l'automobiliste.

– Cent vingt francs.

– Macarelle! Cent vingt francs pour trois lignes! Si c'était un vrai P.V., combien ça m'aurait coûté?

Au temps où les gendarmes encaissaient les contraventions, on leur disait parfois d'un ton aigre : « Ça vous fera le poulet du dimanche. » Aussi sont-ils enchantés de l'invention du timbre-amende qui permet de ne plus demander d'argent aux contrevenants et qui évite par ailleurs bien des paperasses.

Avant cette réforme, quelque part en Normandie, un cycliste roulait sans feu arrière. Deux motards l'arrêtèrent et constatèrent que l'ampoule était cassée. L'homme pouvait donc croire que sa lumière marchait. Il n'en fut pas moins prié d'acquitter l'amende forfaitaire, soit dix francs.

– C'est que j'ai point d'argent sur moi!

– Où habitez-vous?

– En face.

– Eh bien, allez chercher de l'argent.

Quelques minutes plus tard, le Normand était de retour avec cinq francs :

– Si j'avais point eu d'ampoule, j' payais dix francs. Mais j'en ai une cassée, alors j' suis qu'à moitié en faute et j' paye qu' la moitié de l'amende.

Les motards eurent beau insister pour obtenir la somme complète, il ne voulut pas démordre de son raisonnement, si bien qu'ils finirent par rire et l'entêté Normand repartit sans même avoir donné ses cinq francs.

Les fiches techniques prescrivent aux gendarmes de la route d'être *polis, affables, patients, calmes et tolérants.* Il est déconseillé d'arrêter un motocycliste en lui disant :

– Pas de casque, il faut casquer.

Un ami me racontait récemment :

– C'est vrai que les gendarmes sont courtois. Lorsque j'ai été piégé pour excès de vitesse, le motard m'a dit : « Je comprends qu'avec une voiture comme la vôtre vous soyez tenté de rouler à cette vitesse, mais... »

Mais 156 à l'heure, au lieu de 90, cela se solda par un mois de suspension de permis.

– Je sors de Polytechnique, disait un automobiliste.

– Moi, je ne sors pas de polyclinique, répondit le motard, et je vais vous aligner.

Un autre automobiliste protestait violemment. Impassible, le motard écrivait sans rien dire, jusqu'au moment où il releva la tête et déclara calmement :

– En tout cas, monsieur, je vous signale que je suis en train de vous tailler un costume : c'est le préfet qui va vous l'essayer.

Selon les époques, les suspensions de permis ont été plus ou moins pratiquées par les préfets. A Lille, la commission préfectorale examinait le cas d'un octogénaire qui avait commis plusieurs infractions. Au dossier était jointe une lettre : *Je vous en supplie, montrez-vous d'une rigueur extrême. Retirez-lui son permis à vie. C'est sa femme qui vous le demande.*

A vie, ce n'était pas possible et la commission prononça un retrait de trois ans.

Sur le chemin départemental nº 9, à Mouvaux, tout dépassement était interdit. Un automobiliste n'ayant pas obéi fut arrêté par un motard :

– Je t'avais bien prévenu que tu n'avais pas le droit de doubler, dit madame d'une voix sévère.

En remplissant le formulaire d'amende forfaitaire, le motard remarqua la date de naissance de l'automobiliste.

– Monsieur, dit-il courtoisement, je me dois, en dehors de l'exercice de mes fonctions, de vous souhaiter un bon anniversaire.

L'automobiliste remercia, puis, se tournant vers sa femme, il grogna :

– Toi, tu n'y avais pas pensé, à mon anniversaire!

Au tour d'une femme d'être arrêtée, sa voiture ayant mordu la ligne continue.

– Madame, s'enquit le motard, avez-vous une déclaration à faire?

La dame resta un instant silencieuse, puis finit par dire :

– Avant, je dois demander à mon mari.

Elle ne faisait sûrement pas partie du M.L.F. En revanche, ce petit monsieur malingre devait rêver d'un M.L.H. Son épouse était plantureuse, comme dans les couples chers à Dubout, et visiblement acariâtre.

– Il faut toujours qu'il fasse les mêmes bêtises! s'écria-t-elle. Il ne m'écoute jamais! Verbalisez, monsieur le gendarme, ça lui apprendra.

Soudain, le motard eut pitié :

– Allez, roulez, mon pauvre monsieur, mais ne recommencez pas. Vous avez assez d'ennuis comme ça!

Les explications données par les contrevenants sont quelquefois curieuses. En 1975, un automobiliste de Haute-Savoie avait roulé pendant deux cents mètres sur la partie gauche de la route. Il reconnut les faits et expliqua :

– J'ai effectué cette manœuvre dans le but de faciliter le dégivrage de mon réfrigérateur qui se trouve dans le coffre arrière de mon véhicule.

Il est toujours grave de griller un stop :

– Je sais très bien que ce stop existe à cet endroit, expliquait une Bretonne, mais je me suis oubliée.

Alors qu'un Charentais, arraisonné à Cognac, s'écriait :

– S'il fallait s'arrêter à tous les stops, on n'en finirait plus!

Griller un stop n'est qu'une infraction parmi des centaines d'autres.

– Monsieur, disait un gendarme à un camionneur, le nom de la société doit être marqué à l'arrière du véhicule, très lisible, dans un carré rectangulaire.

La réglementation a toujours été tatillonne. J'ai trouvé dans *le Mémorial de la gendarmerie* un arrêté du Conseil d'État, en date du 4 mars 1830 : *Une voiture de jardinière conduisant ses denrées au marché, attelée d'un cheval et d'un âne, n'est pas soumise aux dispositions des lois sur la largeur des jantes.*

Il y a mieux! Dans l'édition 1884 du *Manuel du Gendarme pour servir à la rédaction des procès-verbaux,* on pouvait lire que *deux voitures attelées chacune de deux bœufs forment un convoi, la première voiture seule doit être éclairée. Mais trois voitures attelées de deux bœufs chacune, marchant comme les premières à la suite les unes des autres, doivent porter chacune une lanterne, sinon il y a lieu de verbaliser contre le propriétaire de chaque voiture non éclairée.*

Certes, il est bon d'appliquer les lois, mais il ne faut pas imiter ce brigadier qui, en 1906, dans les Landes, écopa de trois jours de consigne. Motif : *A fait preuve d'un zèle déplacé dans l'exécution d'un service en arrêtant des charretiers pour leur demander si avant le jour leur lanterne était allumée.*

⁂

A la sortie d'un village, Dominique (six ans) remarqua une pancarte portant le nom de la localité barré, ce qui, comme chacun sait, indique la fin de la limitation de vitesse.

– Oh! regarde, maman, dit Dominique, ils se sont trompés de nom et ils l'ont barré.

Les pièges à bagnole sont souvent installés à l'entrée des agglomérations. Ils se révèlent d'autant plus dangereux que les gendarmes peuvent utiliser des voitures banalisées. En revanche, pas question pour eux d'être habillés autrement qu'en uniforme.

– Des expériences ont eu lieu, m'a-t-on déclaré à la Direction de la gendarmerie, mais aujourd'hui la doctrine est formelle : les gendarmes doivent être en uniforme.

Les automobilistes se préviennent par des appels de phares. Tout le monde le sait, sauf cette jeune fille qui s'arrêta et demanda naïvement aux gendarmes si quelque chose n'allait pas dans sa voiture.

– C'est une pratique interdite, m'a fait remarquer un

capitaine, mais je ne comprends pas pourquoi. Le but poursuivi est que la limitation de vitesse soit observée. Alors?

Alors, ce n'est pas l'avis de M. Cochard :

– La complicité entre automobilistes qui, d'un appel de phares, s'avertissent de la présence d'un gendarme est insupportable et peut favoriser un criminel de droit commun.

– Moi, m'a dit un lieutenant-colonel, quand je suis en vacances, je fais systématiquement des appels de phares aux automobilistes qui me semblent rouler trop vite. A condition, bien entendu, que je ne vienne pas de doubler un poste de contrôle. Si tous les gendarmes en vacances faisaient comme moi, les limitations de vitesse seraient mieux observées.

A moins que les appels de phares ne perdent leur efficacité, comme ce serait le cas le jour où tous les maires imiteraient leur collègue du Doubs qui plaça, aux entrées de l'agglomération, un panneau figurant un pandore et sur lequel on lisait : *Attention, gendarmes méchants.*

– C'est vrai, m'a dit un colonel, le gendarme n'est préventif que dans la mesure où il est suffisamment punitif pour inspirer une peur salutaire.

Le cinémanomètre, comme l'appelait un pandore de l'Yonne, est parfois couplé avec un Traffipax preneur de photos. Et, un jour, M. Dupont-Durand reçoit une petite lettre l'avisant qu'il a été photographié.

Le temps est passé où la photo était jointe, mais elle est à la disposition du contrevenant.

– C'est bien mon auto, disait un automobiliste de l'Indre, c'est bien mon phare cassé, c'est bien ma femme, mais ce n'est pas moi!

En réprimant un excès de vitesse, on risque de briser un ménage! Il y a aussi les petits malins qui affirment :

– Ce jour-là, j'avais prêté ma voiture à un ami.

– A qui?

– Je ne me souviens plus.

Un automobiliste ayant donné ce genre de réponse fut condamné en première instance, mais relaxé en appel et le jugement de la cour de Rouen (9/6/1975) fit sauter de joie les amateurs de vitesse.

Il ne fallait pas se réjouir trop vite, car le garde des Sceaux fut aussitôt saisi d'une demande d'étude, en vue de rendre le propriétaire de l'auto responsable, comme en matière de stationnement, sauf bien sûr si le coupable se dénonce.

De toute façon, les petits malins sont coincés quand le Traffipax a photographié l'avant de leur voiture, ce qui annule toute possibilité de contestation. Il ne reste alors qu'à imiter un Aveyronnais écrivant : *Je reconnais l'infraction relevée par votre cinémomètre. J'ignorais que mon compteur était pessimiste.*

La suspension de permis de conduire est plus grave pour ceux que leur métier oblige à utiliser tous les jours leur voiture. Heureusement, Thémis se sert parfois de sa balance et un jugement de la cour d'appel de Paris (13/1/1976) a maintenu une suspension de six mois, mais assortie du droit de conduire pour l'exercice de la profession.

En juin 1975, un médecin de l'Allier fut photographié roulant à 89 à l'heure, deux cents mètres avant la sortie de Montluçon. Quelques semaines plus tard, le sous-préfet l'avisa d'une suspension de permis d'une durée de huit jours.

Contrairement à un confrère qui assurait ses visites à vélomoteur, le toubib demanda qu'on lui fournisse un chauffeur ne fumant pas (Mme Simone Veil n'aime pas ça!). Sinon, au nom de la loi sur le secours aux personnes en danger, il obligerait les gendarmes à le véhiculer pour tous les appels, puisque tout le monde est mortel.

Le sous-préfet proposa alors au médecin de choisir lui-même la date de sa punition.

– D'accord, répondit-il, je choisis la période nocturne, à raison de seize nuits où je ne suis pas de garde.

La solution ne convint pas au sous-préfet et, après diverses péripéties juridico-administratives, le médecin alla en cour d'appel où tout se termina par une simple amende, sans suspension de permis de conduire.

A Saint-Étienne, un représentant de commerce, Francis Rongier, a créé un syndicat des usagers professionnels de la route, avec un journal, *Auto-défense,* en exergue duquel j'ai lu : *Le système actuel ne pénalise pas ceux qui conduisent mal, mais ceux qui conduisent beaucoup.*

– Au fait, m'a dit un médecin, est-ce que l'on retire leur permis de conduire à des malfaiteurs qui, en cherchant à s'enfuir, ont enfreint les limitations de vitesse?

En 1976, il avait écrit à M. Poniatowski, ministre de l'Intérieur, pour poser la question, mais il attend toujours une réponse.

La limitation de vitesse, telle qu'elle est appliquée au début de 1977, reste très critiquée :

– Quatre-vingt-dix à l'heure, m'a fait remarquer mon frère Philippe, c'est trop en montagne. Alors que, sur une belle route toute droite des Landes, c'est une brimade insupportable.

– Sans doute, a rétorqué un colonel. Seulement à deux cents à l'heure, sur une route toute droite, il n'est pas facile d'éviter un sanglier. On nous accuse d'attenter à la liberté, mais nous sommes obligés de défendre les gens contre eux-mêmes. Et l'étude de l'évolution du nombre des accidents nous donne raison.

SACRÉS GENDARMES

– Le gouvernement, m'a encore dit mon frère Philippe, rappelle de temps en temps que les limitations de vitesse sont destinées à diminuer la consommation de carburant. J'ai une Mercedes marchant au gasoil. Or à quatre-vingt-dix, en troisième, je dépense davantage qu'à cent dix, en quatrième.

Pour certaines bagnoles, 130 à l'heure sur l'autoroute est une vitesse suicidaire. Alors, pourquoi ne pas indiquer à l'arrière des voitures, comme cela se fait sur les camions, une vitesse limite? On pourrait ainsi diminuer les uns et augmenter un peu les autres.

Sur la R.N. 13, un automobiliste dépassait en tout cas nettement la vitesse autorisée. Un motard le prit en chasse et le fit arrêter. C'est alors que l'automobiliste descendit de sa voiture, s'éloigna de quelques pas et se retourna, bras tendu, en disant :

– Je vous jette un sort.

– Et moi, je vous dresse contravention, répondit le motard d'une voix ferme.

Ce qui ne l'empêcha pas de repartir très lentement. Un sort, on ne sait jamais!

Il est une gloire obscure, ignorée, méconnue et plus pure, s'il est possible, que celle du guerrier, car elle est plus désintéressée, c'est celle du gendarme.

Général Ambert.

LA GLOIRE DU GENDARME

EN TÊTE de son P.V., un gendarme avait rappelé la loi du 28 germinal an VI et le décret du 20 mai 1903.

– Est-ce bien nécessaire? demanda un substitut.

– C'est vieux, mais ça tient toujours.

Tout ne tient pas, puisque la gendarmerie a remplacé sainte Catherine, patronne de la maréchaussée, par sainte Geneviève dont un élève pandore a rappelé qu'*elle défendit Lucresse contre les assauts des Huns.* Il fallut attendre le 18 mai 1962 pour qu'un bref pontifical place les gendarmes sous le patronage de sainte Geneviève. Le bref ne porte pas la signature de Jean XXIII, mais celle d'un secrétaire d'État, peut-être choisi à cause de la consonance de son nom : *Cicognani.*

Réglementairement, la Sainte-Geneviève est fixée au 3 janvier. Cette date étant trop proche de Noël et du jour de l'An, on s'est souvenu de sainte Geneviève des Ardents que le diocèse de Paris fête le 26 novembre. Vers 1130, la France fut en effet ravagée par une affreuse maladie, le mal des ardents. Les Parisiens eurent l'idée d'aller chercher en grande pompe la châsse contenant les reliques de sainte Geneviève. Si l'on en croit la tradition, tous les malades qui s'approchèrent furent aussitôt guéris, à l'exception de trois incrédules.

L'année suivante, lorsque le pape Innocent II vint en France, il apprit ces miracles et il ordonna la célébration d'une fête. Voilà pourquoi, le 4 décembre 1976 (avec quelques jours de retard), les gendarmes de Milly-la-Forêt m'invitèrent à commémorer la Sainte-Geneviève, au cours d'un excellent déjeuner à l'Auberge de l'île du Saussaye, en compagnie de leurs épouses et de quelques anciens de l'Arme.

La gendarmerie a dû également attendre longtemps avant d'avoir son monument. Achevé en 1941, inauguré officiellement en 1946, il s'élève au rond-point Saint-Antoine, à Versailles. Devant, se trouve un hypogée contenant les restes de Le Gallois de Fougières, prévôt des maréchaux qui périt en 1415, à Azincourt.

La gendarmerie prend naissance dans Gallois de Fougières, un peu avant 1500, a écrit un élève pandore. D'autres historiens lui trouvent des ancêtres plus lointains, mais c'est au début de la guerre de Cent Ans que les rois de France, cessant d'aller guerroyer sur les terres d'autrui, se préoccupèrent des méfaits commis par les bandits, qualifiés hypocritement d'auxiliaires, qui suivaient l'armée royale. Le connétable et ses maréchaux confièrent le maintien de l'ordre à des petites troupes disciplinées, mais trop peu nombreuses: les sergents des maréchaux, qui devaient donner naissance à la maréchaussée. Un candidat au brevet d'arme semble donc avoir eu tort d'écrire que *le nom de maréchaussée vient de ce qu'elle se promenait sur les routes et au bord de la mer.*

En tout cas, contrairement à ce que l'on pourrait croire, les gendarmes d'aujourd'hui ne descendent pas des gens d'armes (ou gendarmes), cavaliers bardés de fer formant la partie offensive de l'armée royale.

En principe, la maréchaussée n'opérait qu'en temps de guerre, mais Louis XI, puis Louis XII comprirent qu'elle pouvait être utile en temps de paix. Enfin, le 25 janvier 1536, François Ier décida que la maréchaussée étendrait sa compétence à l'ensemble du royaume et à tous ceux (militaires ou civils) qui, dit-il, *oppriment grandement notre pauvre peuple en leurs personnes et biens en maintes manières, et tenant les champs, pillent, dérobent leurs hôtes, forcent et violent femmes et filles, détroussent et meurtrissent les passants, allants et venants à notre très grand regret et déplaisir.*

Entre 1720 et 1778, la maréchaussée fut réorganisée. En effet, l'époque des grandes chevauchées, à la poursuite des bandits, était finie. *Pour le bonheur de nos peuples,* disait un édit royal, on installa dans toute la France des brigades à poste fixe, chargées d'assurer la sécurité dans leur secteur.

La maréchaussée eut de plus en plus de missions à accomplir. En outre, comme l'a précisé un candidat au brevet d'arme, *elle se recrutait parmi les gens de bon moral.* Rien d'étonnant donc à ce qu'en 1789 les cahiers de doléances lui aient été favorables, la qualifiant même de *corps le plus utile à la Nation.* Elle subsista, adaptée aux lois nouvelles, mais il lui fallait un nouveau nom.

Les compagnies de gendarmes chargées de la protection du roi, de la reine et de certains princes avaient été supprimées sous Louis XVI pour raisons d'économies. Le 16 février 1791, la maréchaussée prit donc le nom d'un corps aussi ancien qu'elle et devint la gendarmerie nationale.

Ses débuts furent difficiles, car beaucoup de gendarmes étaient aux armées. On recruta un peu au hasard, en particulier parmi les Vainqueurs de la Bastille. Ils étaient officiellement 954 et le citoyen Rossignol disait d'eux :

– Je ne leur connais que deux défauts : de bien boire et de bien se battre.

Parmi les engagés figurait une femme qui est donc l'ancêtre des gendarmettes. Marie Charpentier, épouse Haucerne, avait été « estropiée » lors de la prise de la célèbre prison et elle fut affectée à Paris. Son mari étant mort au Sénégal, elle convola avec un gendarme, lui aussi Vainqueur de la Bastille.

En visitant le musée de la Gendarmerie, je me suis amusé à noter les en-tête des brevets de vétéran remis à des gendarmes ayant 24 ans de service. En mai 1792, un brevet était décerné *au nom de la Nation, de la Loi et du Roi.* En juillet 1792, le même modèle de brevet servait encore, mais on avait rayé *et du Roi.* En septembre 1792, nouveau brevet, avec simplement *au nom de la Nation.*

C'était une époque où il n'y avait malheureusement pas que des occasions de rire. Dans son livre *Peines et gloires des gendarmes,* le colonel Louis Saurel cite le cas du gendarme Leroy qui, après avoir bu quelques verres de trop, critiqua la sévérité du Tribunal révolutionnaire. Lequel le condamna à mort, *attendu qu'un patriote est patriote même dans le vin et qu'il n'y a que les aristocrates et contre-révolutionnaires qui déguisent leurs sentiments et les laissent échapper dans l'ivresse.*

★★★

Le gendarme le plus célèbre de l'histoire de France est probablement un imposteur. Charles-André Merda

(1775-1812) fut de ceux qui, dans la nuit du 9 au 10 thermidor, s'emparèrent de Robespierre décrété hors la loi par la Convention. Après quoi, il fit aux députés un compte rendu épique :

– Je saute sur lui et, lui présentant la pointe de mon sabre au cœur, je lui dis : « Rends-toi, traître. » Il relève la tête et me dit : « C'est toi qui es un traître et je vais te faire fusiller. » A ces mots, je prends de la main gauche un de mes pistolets et, faisant un à droite, je le tire. Je croyais le frapper à la poitrine, mais la balle le prend au menton et lui casse la mâchoire gauche inférieure.

Depuis, les historiens ont mis en doute la version du jeune gendarme et la plupart pensent que Robespierre tenta de se suicider. Cela n'empêcha pas Merda de devenir colonel et baron, avant de mourir, en 1812, pendant la campagne de Russie.

Merda (qui se faisait appeler Méda) doit à la consonance de son nom une grande part de sa célébrité. Heureusement, la gendarmerie a d'autres héros aux noms plus banals mais aux actions moins discutables, à commencer par ceux qui se battirent vaillamment à Hondschoote (1793).

La Révolution fut une période favorable pour les bandits de grands chemins et, en 1796, le lendemain de l'attaque du courrier de Lyon, le citoyen-commissaire Guyardin écrivait de Melun au ministre de la Police générale : *Nous ne sommes point encore parvenus à ce degré de civilisation où l'honneur est le seul mobile des actions de tous.*

D'où la nécessité d'une gendarmerie forte et bien implantée! Napoléon Ier qui la considérait comme *la manière la plus efficace de maintenir la tranquillité d'un pays* sut l'utiliser non seulement pour la chasse aux brigands, mais pour bien d'autres missions.

Il se servit même d'elle aux pires moments de la guerre d'Espagne et le général Marbot écrira dans ses Mémoires : *Les gendarmes, dans la force de l'âge, braves et zélés, firent pendant cinq ans un service très pénible, car il y avait guerre à mort entre eux et les insurgés espagnols.*

La Restauration, les Cent-Jours, puis le deuxième retour de Louis XVIII posèrent bien des cas de conscience. Le 3 août 1815, les gendarmes, requis par le préfet pour procéder à l'arrestation du maréchal Ney, obéirent à contrecœur et firent tout pour que leur prisonnier s'évade. Un gendarme lui suggéra même de s'enfuir avec son escorte.

– Si j'étais libre, répondit Ney, je te ferais fusiller. On ne propose pas à un maréchal de France de fuir quand il est prisonnier. Fais ton devoir, je sais ce que j'ai à faire.

Quatre mois après, celui que l'on appelait « le brave des braves » était fusillé.

Vers la même époque, mon aïeul Arnaud de Villegente (1770-1849) fut gendarme du roi. Je voulais lui dédier ce livre, mais je me suis aperçu que les gendarmes du roi n'étaient pas des vrais gendarmes. Chargés de la protection du souverain, ils étaient la résurgence de ceux supprimés par Louis XVI. J'ai donc rengainé une dédicace que les vrais gendarmes auraient pu me reprocher.

★★★

En 1840, lors de sa folle équipée de Boulogne, le futur Napoléon III fut repêché et arrêté par deux gendarmes. Quinze ans plus tard, devenu empereur, il passa par Boulogne et demanda à revoir les deux hommes. L'un était mort; l'autre, devenu douanier, portait la Légion d'honneur, récompense de l'arrestation de 1840. Cela fit sourire Napoléon III qui, bon prince, ajouta la médaille militaire sur la poitrine du vieux soldat.

A ses débuts, l'empereur s'était appuyé sur les gendarmes. Par la suite, il préféra augmenter les effectifs de la police qui faillit même annexer la gendarmerie. Mais, au moment des élections, les préfets savaient se souvenir des gendarmes dont ils utilisaient abusivement les services, entre autres pour surveiller les candidats de l'opposition.

Pandore participa aussi aux guerres du second Empire, en particulier à la prise de Sébastopol (1855) dont le nom figure sur les drapeaux de la gendarmerie. Tout le monde connaît le célèbre « J'y suis, j'y reste » de Mac-Mahon à Malakoff, mot d'ailleurs apocryphe que le marquis de Castellane inventa en 1873, pour les besoins d'un discours à la Chambre.

Le musée de la Gendarmerie possède une lettre parfaitement authentique du gendarme Joseph Goutenoire, du régiment à pied de la garde impériale, qui constitue un terrible témoignage sur les horreurs de la guerre : *L'affaire du 17 je vous assure mes chers parands que ce naitai pas une bataille mais pire qu'une boucherie...*

Toute les fois que le régiment va autranchée nous portons deu brancard pour nous enlever, mes chers parand. Part mie un carnage paraille je me conte sacrifié...

Vous me feré réponce de cette noble et digne lettre qui vous ainteresse Tousse qart cenais rien de vous le marqué il faudrais vous trouver sur le théatre comme mois.

En 1872, le Larousse du XIXe siècle consacra à la gendarmerie un article très élogieux dans lequel sont cités des extraits d'un texte, publié en 1852, par le colonel Ambert qui devint par la suite général et inspecteur de la gendarmerie : *Au milieu de notre civilisation moderne, l'homme le plus digne de respect est le gendarme, parce qu'il est la sentinelle de la Loi. Au milieu de notre armée si brave, l'homme le plus courageux est le gendarme, parce que son ennemi est invisible, et qu'il est intrépide dans les ténèbres comme au soleil. Au milieu de notre magistrature si vigilante, l'homme le plus clairvoyant est le gendarme, car il voit tout quand tout se cache de lui. Au milieu de nos campagnards si vigoureux, l'homme le plus fort est le gendarme, car, dans le danger, tous l'appellent à leur secours.*

C'est pourtant le même gendarme que l'on voyait battu par Guignol et tourné en ridicule par les chansonniers et les dessinateurs. Il est vrai qu'au début de la IIIe République la censure venait d'être abolie et comment mieux se défouler qu'en daubant les représentants de l'ordre! D'ailleurs, les agents de police, les députés, les ministres et même les chefs de gare ne furent pas épargnés.

Les sarcasmes étaient moins dangereux pour l'Arme que la modicité des soldes. En 1881, *le Moniteur de la gendarmerie* écrivait : *La gendarmerie est si peu payée que personne ne veut y entrer. Actuellement, pour que les effectifs soient complets, on y reçoit de braves manouvriers qui savent à peine signer leur nom ou bien de petits commerçants qui ont mal réussi dans leurs affaires. Les soldats-ordonnances, qui ne savent absolument rien et qui ont, en terme militaire, fricoté pendant leur stage au régiment, entrent volontiers dans ce corps d'élite, qu'ils quittent plus volontiers encore dès qu'ils sont dégrossis, pour aller chercher ailleurs un peu moins de travail et un peu plus de bien-être.*

La gendarmerie avait en outre le malheur de dépendre de la direction de la cavalerie. Le 7 août 1887, *l'Écho de la gendarmerie nationale* se demandait pourquoi. *Est-ce parce qu'elle compte environ 13 000 chevaux? Ce motif n'est pas valable,* ajoutait l'auteur de l'article, *puisqu'elle compte en même temps 14 000 hommes à pied, ce qui devrait la faire passer logiquement, en tout ou en partie, à la direction de l'infanterie.*

Résultat : les gendarmes, à pied ou à cheval, étaient les grands oubliés des réformes. Certes, le 3 avril 1886, le ministre de la Guerre avait *étendu aux militaires de tous grades de la gendarmerie la faculté de porter à leur gré les moustaches et la mouche, ou la barbe entière.* Mais, selon *le Moniteur de la gendarmerie* (14 février 1880), *le port de la barbe entière produit, de l'avis de tous les médecins, la diminution des angines et des fluxions dentaires, et particulièrement la disparition des maladies de peau qui se transmettent si facilement d'un homme à l'autre par le rasoir du perruquier.*

La barbe ne faisait pas l'unanimité. Un correspondant du *Journal de la gendarmerie* était inquiet, parce qu'elle présentait l'inconvénient *d'offrir aux malfaiteurs, dans une lutte, un moyen de saisir leur adversaire d'une façon très gênante.*

Pandore aurait bien préféré que l'on simplifie sa tenue, certes majestueuse, mais étouffante en été, lourde, encombrante, coûteuse, fatigante à entretenir. Le 1er juin 1884, *le Moniteur de la gendarmerie* ironisait une fois de plus au sujet du fameux chapeau de gendarme :

– Pourquoi a-t-il été créé et mis au monde?

– *Pour effrayer les petits enfants et autres criminels de même espèce.*

– Et puis encore?

– *Pour permettre de mieux caricaturer le gendarme et, par ce moyen, assurer son prestige et assurer le respect de la loi.*

– Pourquoi le chapeau est-il appelé tricorne?

– *Parce qu'il n'a que « deux » cornes.*

– Pourquoi n'a-t-il que deux cornes?

– *Parce que la troisième, celle de devant, est atrophiée complètement.*

– Dans quel but?

– *Dans un but louable et philanthropique.*

– Lequel?

– *Empêcher le gendarme de voir le délinquant et éviter à ce dernier des dépenses de poivre avantageusement remplacées par les rayons du soleil.*

En 1900, un lecteur de *l'Écho de la gendarmerie nationale* s'écriait : *Qu'on supprime le chapeau et on verra affluer les demandes d'admission dans la gendarmerie!*

Il faudra pourtant attendre jusqu'en 1904 pour assister à la victoire définitive du képi sur ce que Pandore appelait *le chapeau de polichinelle, le chapeau de pitre* ou *la cloche à melon.*

Mais, quel que fût leur couvre-chef, les gendarmes restèrent dignes de l'hymne que Kastner (1810-1867) leur avait consacré :

Voici la nuit et le silence,
Des noirs complots l'heure a sonné.
Mais nous veillons sur l'innocence
Et près du toit abandonné.
Du malfaiteur brisant les armes,
Nous arrivons, guerriers sauveurs.
Quand retentit l'appel d'alarmes,
Un seul écho vibre en nos cœurs.
Nous sommes là, tremblez coupables,
Enfants de la nuit, nous sommes là.
C'est Dieu par nos mains redoutables
Qui frappe et punit...

*
* *

Dans son numéro du 19 novembre 1887, *l'Écho de la gendarmerie nationale* publia une lettre d'un gendarme affirmant que, *si le premier jour de la mobilisation il n'était pas dirigé sur le front, il flanquerait à la figure de... son cheval ses aiguillettes blanches et son jaune baudrier.*

Ainsi, disait-il, *je ferai campagne comme dragon de 2e classe avec les charrons, les zingueurs, les vignerons, les sculpteurs.*

En 1914, certains gendarmes, surtout des gardes de Paris, devinrent fantassins, artilleurs ou cavaliers, mais les autres furent envoyés dans les prévôtés et chargés du maintien de l'ordre aux arrières du front. Tâche ingrate qui leur attira l'inimitié des poilus, souvent tentés de les traiter d'embusqués.

Au moment des combats du chemin des Dames, en 1917, des rescapés du 355e R.I. passèrent devant un abri en paille où se trouvait un jeune gendarme, tout propre et tout reluisant. Soudain, une allumette flamba et le gendarme dut sortir précipitamment. Quand il alla se plaindre au commandant, celui-ci lui rit au nez.

En 1914, le capitaine Paoli, le fondateur de la Caisse du gendarme, avait soixante-seize ans. Il parvint néanmoins à reprendre du service. A la suite d'un engagement contre les uhlans, on voulut le décorer.

– Mon général, à mon âge, on évoque le passé, on ne songe plus à l'avenir. Récompensez mes hommes, mon maréchal des logis surtout. Moi, je ne veux rien.

Au lendemain de la guerre, sous l'impulsion de Clemenceau, la gendarmerie connut un nouvel essor. Elle obtint des crédits, une tenue rénovée, du matériel neuf et un directeur qui n'était plus celui de la cavalerie. En outre, la crise des années 30 fit affluer les candidats vers l'Arme. Pour chaque place, il y avait dix postulants, dont beaucoup possédaient un excellent niveau d'instruction.

Puis c'est la guerre. En 1940, le 45e bataillon de chars légers de la gendarmerie figure parmi les unités qui se battent. Mais quelques héros dispersés ne pouvaient arrêter l'invasion allemande. La France vaincue est occupée.

1940-1944 fut une période particulièrement difficile pour les gendarmes, car il ne suffisait plus d'obéir et il y avait des choix à faire.

– Fallait ménager la chèvre et le chou, m'a dit un ancien.

Surtout en 1944 où l'on devait louvoyer entre la Résistance, pour laquelle penchaient la plupart des cœurs, et les ordres du gouvernement dont on dépendait encore.

– Quand nous savions qu'il allait y avoir un parachutage, m'a raconté un adjudant en retraite, nous partions d'un autre côté.

– Si les maquis ont pu s'installer, m'a dit un colonel, c'est parce que nous avons fermé nos yeux et nos oreilles.

Nombre de gendarmes faisaient plus que ne rien voir et ne rien entendre. Mais le double jeu était un difficile exercice de corde raide. Il y eut d'affreux malentendus, aboutissant même à des accrochages sanglants avec ceux qu'au printemps 1944 *le Bulletin d'étude et d'information de la gendarmerie* appelait « de dangereux terroristes ».

– Le jour où je suis passé au maquis, m'a raconté un général, tout est devenu plus facile, parce que tout était clair et net.

En mai 1944, des maquisards de la Haute-Vienne s'étaient mis d'accord avec les gendarmes de Châteauponsac pour que ceux-ci leur remettent toutes les armes de la brigade.

– Vous n'aurez qu'à tirer deux ou trois rafales de mitraillette dans les volets et nous ferons semblant de nous rendre.

Au jour dit, les maquisards étaient là, mais ils oublièrent de tirer dans les volets. En outre, leur auto à gazogène ne voulait plus repartir et les gendarmes durent la pousser. Rien d'étonnant donc à ce que, quelques heures plus tard, la Milice, prévenue on ne sait par qui, débarque à la gendarmerie. Cela sentait le roussi et, le lendemain, les pandores de Châteauponsac prenaient le maquis. Tous ne furent pas aussi prompts. Certes, 12 000 gendarmes réussirent à passer au maquis, mais 600 furent fusillés ou déportés. Si bien qu'entre 1939 et 1945, il y eut 2 500 gendarmes tués contre 1 200 en 1914-1918, guerre pourtant beaucoup plus meurtrière pour la France.

L'Occupation fut l'époque des difficultés de ravitaillement et de leur corollaire, le marché noir. Celui-ci continua après la Libération et, dans les P.V. des années 1945-1946, on lisait par exemple :

Elle a été trouvée porteuse d'un sac à main contenant 100 kilos de tickets de pain.

Elle a essayé de se faire délivrer un faux ticket d'essence d'une contenance de vingt litres.

***

– Quand je pense, m'a dit un ancien, qu'il y a des gendarmes qui ont tourné trente ans autour du même chou, je les plains!

Ces sédentaires sont attachés à leur famille et, dès le début de leur carrière, ils s'efforcent de revenir au pays.

– Mon père, m'a raconté un lieutenant-colonel, avait son brevet élémentaire, bagage qui à l'époque aurait pu lui permettre de devenir officier. Il a préféré demeurer simple gendarme, pour pouvoir, après une première affectation en Dordogne, rester toute sa carrière dans le même village de la Creuse, à une vingtaine de kilomètres de l'endroit où ma mère et lui étaient nés.

Inversement, d'autres font des pieds et des mains pour partir outre-mer où, jusque vers 1948, les gendarmes étaient assez peu nombreux. Quelques-uns rêvent de devenir le souverain débonnaire d'une île du Pacifique. Ils en seront aussi l'administrateur à tout faire, tel le pandore de Ua-Pu, dans les Marquises, qui exerce quinze fonctions officielles.

Les terres lointaines ne sont pas toutes de verts paradis. Et puis il y a l'imprévisible, comme pour ce gendarme de Camopi, en Guyane, qui dut apprendre à faire des piqûres afin de vacciner tous les Indiens de son secteur, victimes d'une épidémie de grippe.

Il faut aussi savoir se débrouiller, car les gouvernements français ont souvent été ladres avec ceux qui étaient envoyés outre-mer. En 1884, le général de brigade inspecteur général Bégin rédigea un rapport sur la compagnie de gendarmerie de la Nouvelle-Calédonie, *une belle troupe, bien commandée et animée du sentiment du devoir et du dévouement à la chose publique.*

Le rapport que les gendarmes devaient *recopier en entier, sous la dictée, sur leurs cahiers d'écriture,* comportait des critiques, en particulier à propos du casernement *tout à fait insuffisant et souvent fort mauvais.*

Le tir à la cible, notait aussi le général, *a été exécuté avec des fusils modèles 1866 et des cartouches avariées, de sorte qu'il n'est pas possible de juger de l'instruction des hommes par les résultats obtenus.*

Les gendarmes qui participèrent à la guerre d'Indochine ou à la guerre d'Algérie étaient tout de même mieux armés, mais plus de mille ne devaient pas revoir la France. *Morts aujourd'hui reniés,* m'écrit un général en retraite, *victimes qui apaisent les Dieux qui ont soif.*

Qu'ils soient tombés en défendant le sol français ou pendant les guerres coloniales, la gendarmerie sait néanmoins rester fidèle au souvenir de ses morts. Quelque part dans le Midi, un colonel avait veillé personnellement à la réalisation d'un monument qui, rappela-t-il dans son discours inaugural, était *un monolithe d'une seule pièce, en granit des Vosges extrait d'une carrière corse.*

Les guerres ont aussi leurs perles. Par exemple, dans ce rapport pondu en Indochine, vers 1950 : *Tout était silencieux. On n'entendait même pas l'ombre d'un doute.*

Les gendarmes opérant en Algérie furent souvent appelés à constater des incendies et autres sabotages. Un P.V. mentionnait *des poteaux téléphoniques décapités à la base.*

Dans une circonstance analogue, on fit intervenir un chien policier. *Après avoir flairé le poteau,* indiquait le rapport, *il a grimpé trois mètres après.*

Nous pensons, m'expliqua l'aimable retraité à qui je dois cette perle, *qu'il devait s'agir du talus sur lequel le chien avait grimpé et non du poteau.*

Tandis qu'après une embuscade un gendarme mobile disait d'un de ses camarades :

– Il était blanc comme un jaune d'œuf.

★★★

– La gendarmerie, m'a déclaré un retraité, c'est une Arme qui est propre.

Les gendarmes ne sont cependant pas tous parfaits et l'article 148 du règlement du 3 février 1899 prévoyait : *Si un gendarme en état d'ivresse trouble l'ordre, le chef de brigade charge les autres gendarmes de s'en rendre maîtres et, au besoin, de le conduire en prison. La punition encourue par cet homme ivre ne doit lui être notifiée qu'après que l'état d'ivresse a totalement cessé.*

La boisson n'est pas la seule tentation à laquelle il faut savoir résister, du moins si j'en juge par ce texte datant de 1914 et rédigé par un chef d'escadron de Laval : *Le 29 juin dernier, un gendarme prétextant un fait de service, s'est présenté dans la journée, dans une maison de tolérance de Mayenne et a quitté cet établissement sans payer ses consommations et le prix de sa débauche.*

Une telle conduite est abominable et indigne d'un militaire d'élite et d'un homme qui se respecte.

Les recherches faites pour retrouver le gendarme malhonnête et malpropre sont jusqu'à ce jour infructueuses et j'ai lieu de croire et espère qu'il n'appartient pas à ma compagnie.

Cependant je tiens à continuer les recherches et fais appel à tout le personnel pour m'aider et retrouver le gendarme qui a commis un délit et sali notre uniforme...

Une telle conduite était exceptionnelle et les motifs de punition de l'époque restaient assez bénins. Ainsi, toujours en Mayenne, entre 1914 et 1918 :

Sortie en ville avec sa femme sans autorisation.

A traité son chef de brigade de grande rosse (1).

Le terme se justifiait pourtant dans la mesure où certains gradés étaient à cheval sur la discipline. Le cas extrême étant sans doute celui d'un adjudant qui sévissait vers 1925, dans le Loiret. Daniel Desbordes l'a évoqué dans son livre et il aurait pu m'en parler pendant des heures.

(1) Capitaine Fournier : *La compagnie de gendarmerie de Mayenne pendant la guerre 1914-1918,* dans *la Revue d'études et d'informations de la gendarmerie nationale* (4e trimestre 1971).

LA GLOIRE DU GENDARME

Surnommé « Ah! mais... », cet adjudant faisait tout marcher à la baguette : ses subordonnés, sa femme, ses enfants, son cheval. Son épouse possédait d'ailleurs un cahier de service où elle devait indiquer les heures d'exécution des travaux ménagers. Ce qui ne l'empêchait pas de consoler de temps en temps les subordonnés de son mari :

– Voyons, voyons, mon petit, vous n'avez que vos heures de service. Moi, c'est vingt-quatre heures par jour, trois cent soixante-cinq jours par an.

Parfois, le commandant de compagnie essayait de tempérer le zèle du terrible adjudant :

– Allons, allons, il faut vivre avec son temps. Songez que vos hommes reviennent presque tous de la guerre.

L'adjudant avait un fils qui, après être passé par les enfants de troupe, fut reçu à Saint-Cyr. La première année, il était sergent et, quand il arrivait en permission, l'adjudant exigeait d'être salué dans les règles.

– Bonjour, mon adjudant.

– Bonjour, mon garçon.

L'année suivante, lorsque le fils eut un galon de sous-lieutenant, le père tint à le saluer le premier :

– Bonjour, mon lieutenant.

– Bonjour, papa.

L'adjudant faisait mieux encore. Lorsqu'il était en tenue et qu'il passait devant une glace, il rectifiait la position, par correction pour « l'autre adjudant » reflété dans le miroir.

Tout cela n'est drôle que vu de l'extérieur. Les subordonnés de l'adjudant en avaient plus qu'assez. Un jour, l'un d'eux, poussé à bout, monta chez lui puis redescendit, son pistolet d'ordonnance à la main. Trois camarades se précipitèrent et le drame fut évité.

Le malheureux se retrouva aux arrêts et l'adjudant préparait déjà le rapport du siècle quand le capitaine arriva :

– Vous voyez ce que peut provoquer votre comportement. Je considère l'affaire comme close, vous m'entendez. Si, malheureusement, il avait eu le temps d'agir, j'aurais demandé à le défendre devant ses juges.

Et l'affaire se solda par une simple punition pour *manquement de respect à supérieur.*

D'une certaine manière, les motifs figurant sur les cahiers de punition sont des documents historiques. Je regrette de n'avoir pas eu celui d'un Pied-noir qui, pendant la guerre d'Algérie, fut rappelé comme gendarme auxiliaire. Son activité suscitait l'admiration de ses chefs, jusqu'au jour où l'on découvrit qu'il faisait passer les reçus d'amende forfaitaire pour des billets de tombola.

En 1977, les punitions sont beaucoup moins fréquentes et les motifs n'ont plus guère de sel. Les normalisateurs ont en effet sévi et il faut choisir dans un répertoire de formules stéréotypées.

Un gendarme, qui s'était servi du véhicule de la brigade pour un rendez-vous galant, fut gratifié du motif 4131 : *Utiliser sans autorisation et à des fins non réglementaires un moyen de transport ou un matériel militaire.*

Le chef d'escadron qui me téléphona ce texte m'a bien précisé que transport était au singulier.

Le garçon le plus jovial entré dans la gendarmerie aura le visage gendarme.

Honoré de Balzac.

LES MÉTAMORPHOSES DU GENDARME

EN 1971, un élève du C.E. 2 expliquait dans une rédaction, racontant un bal costumé : *J'étais déguisé en C.R.S. Tout le monde m'a tapé dessus.*

La dispersion des manifestations ne rend pas populaires ceux qui en sont chargés. Peut-être parce que l'on a oublié la loi martiale contre les attroupements du 3 novembre 1789 qui débutait par cette déclaration de principe : *La liberté affermit les empires, mais la licence les détruit.*

Je n'ai pas poussé le souci du reportage jusqu'à vérifier si les « forces de l'ordre » appliquent encore les consignes prévues en 1789 et si elles attendent pour agir qu'un représentant de l'autorité civile ait annoncé :

– Obéissance à la loi : on va faire usage de la force. Que les bons citoyens se retirent.

Le plus excellent symbole du peuple, c'est le pavé, notait Victor Hugo dans son journal. *On marche dessus jusqu'à ce qu'il vous tombe sur la tête.*

Au XIXe siècle, quand le peuple commençait à dresser des

barricades, l'armée intervenait. Les gaz lacrymogènes n'étaient pas inventés et les balles répondaient souvent aux pavés.

Sous la IIIe République, la troupe était envoyée contre les grévistes. Le 1er mai 1891, il y eut neuf morts à Fourmies (dont un enfant). Première d'une triste série de fusillades qui faisait chanter aux ouvriers :

Petit Pioupiou!
Ne tire pas sur nous.
Nous sommes tes frères de misère,
Ne fais pas feu
O malheureux!
Tu peux tuer ton pèr', ta mèr'.

Un bataillon de gendarmerie mobile avait été créé en 1871. Il fut supprimé en 1885. Si bien qu'en cas d'événements graves on prélevait sur les brigades, au détriment de la surveillance des campagnes où, disait *l'Écho de la gendarmerie nationale* du 17 avril 1904, *les vagabonds, détrousseurs de grand chemin, romanichels, braconniers et brigands de tout acabit ont leurs coudées franches.*

Un projet de création d'une gendarmerie mobile fut repoussé en 1907, les députés craignant qu'elle ne soit *un instrument d'un coup d'État marquant la fin de la République et de la démocratie.* On eut moins peur en 1921 et des crédits furent votés pour les premiers pelotons mobiles, point de départ de ce qui, après divers changements de nom, devint en 1954 la gendarmerie mobile.

Un colonel m'a raconté comment, en 1948, étant jeune lieutenant, il participa au dégagement des puits de mine occupés par les grévistes :

– Je me souviens d'un jour où l'on s'était passé une chouette friction. Le soir, je partais faire un tour en ville, quand soudain je me trouvai nez à nez avec un gigantesque mineur, une vraie armoire à glace. « Dis donc, me demanda-t-il, tu n'étais pas tout à l'heure à la fosse numéro un? » Si je répondais oui, il allait me mettre K.O., mais si je répondais non, je me dégonflais et ce n'était pas digne d'un lieutenant de gendarmerie. Alors, j'ai répondu : « Oui. Qu'est-ce que ça peut te foutre? » Il m'a pris par le col de mon battle-dress et m'a fait entrer dans un estaminet où se trouvaient une dizaine de mineurs. « Voilà le commandant de l'escadron », dit-il. Je me suis vu écrasé, transformé en saucisson, jusqu'au moment où l'on m'a tendu un verre. Je n'aime guère le pinard, mais je n'ai pas fait le délicat et je suis resté avec eux, à évoquer notre journée. « Une sacrée bagarre, quand même! » Puis, ils m'ont raconté leur service militaire...

Car, une fois de plus, comme dit la chanson, tout ça faisait d'excellents Français. Seulement, une anecdote amusante ne doit pas cacher d'autres bilans et la note payée par les mineurs fut lourde.

Depuis, la radio et la télévision ont donné une dimension supplémentaire aux manifestations qu'auditeurs et téléspectateurs vivent désormais à chaud, un peu comme un match de rugby. Avec cette différence que les mauvais coups sont nettement plus nombreux et qu'il n'y a pas d'arbitres pour calmer les participants.

C'est pourquoi, des deux côtés de la barricade, on porte des casques. Et quand les gendarmes mobiles furent dotés de modèles en acier, ils dirent :

– Nous avons des casques en peau de locomotive.

Ils ont aussi des boucliers et le professeur Hurdon se demande pourquoi on ne vend pas ces emplacements publicitaires à des annonceurs :

– Sans compter les cars qui pourraient recevoir des publicités analogues à celles des autobus.

Des cars où les heures d'attente semblent longues et où se disputent d'interminables parties de cartes. En Belgique, le jeu préféré des gendarmes est le couillon, mais en France on aime mieux le tarot. Cependant que quelques moblots font des mots croisés, de la tapisserie et même du tricot.

J'ai relu le livre dans lequel Julien Besançon recueillit une partie des inscriptions de mai 1968 (1). Huit concernent les flics et cinq les C.R.S., mais aucune les gendarmes mobiles qui étaient pourtant là et même un peu là. Quant aux étudiants qui criaient « C.R.S. assassins », ils ne mentionnaient pas les gendarmes.

– Ne croyez pourtant pas, m'a dit un moblot, que les manifestants soient incapables de nous différencier. Beaucoup savent très bien à qui ils ont affaire et aussi qu'avec nous ça ne se passe pas de la même façon.

Toujours en mai 1968, vers la fin de la période chaude, un aumônier faisait le tour des escadrons et il raconta qu'un garde républicain lui avait dit :

– Ça va mieux!

– A quoi voyez-vous ça?

– Les colonels commencent à sortir.

Je dois cette histoire à un chef d'escadron qui l'a racontée à la table d'un colonel, heureusement plein d'humour et qui fut le premier à rire.

– Je me suis trouvé à Nantes en juin soixante-huit, dit-il. A l'Université, j'ai vu une pancarte avec : PORTE CONDAMNÉE. En dessous, quelqu'un avait écrit : LIBEREZ LA PORTE.

Depuis mai 1968, Paris et la province ont connu bien d'autres manifestations. Beaucoup furent calmes et dignes, mais quelques-unes finirent tragiquement.

Qu'il soit manifestant, simple passant ou qu'il appar-

(1) *Journal mural mai 68* (Tchou éditeur, 1968).

tienne aux forces de l'ordre, un mort laisse derrière lui une famille dont la télévision montre, durant un bref instant, le visage marqué par la douleur. Seulement, les orphelins des manifs sont trop peu nombreux pour bénéficier d'un timbre-poste comme les orphelins de guerre. Leur mère n'a plus qu'à engager le marathon administratif des retraites de réversion et autres indemnités, tant il est vrai qu'en France, si tout finit par des chansons, tout finit également par des paperasses.

***

Quand un fou, un désespéré ou un fanatique se barricade quelque part, en menaçant de tuer des otages qui sont parfois ses enfants, on parle d'un nouveau fort Chabrol.

En 1899, Jules Guérin, chef de la Ligue antisémite, s'enferma rue de Chabrol à Paris et, pendant trente-huit jours, il résista aux policiers venus l'arrêter à la suite de ses menées contre la révision du procès Dreyfus.

Dans le cas d'un nouveau fort Chabrol, la gendarmerie mobile est quelquefois appelée en renfort. Hélas! tout ne se termine pas forcément bien et il arrive que le sang coule d'un côté ou de l'autre. Des radioreporters haletants tiennent leurs chers auditeurs au courant de la moindre péripétie. La télévision donne les premières images du drame, pendant qu'au marbre des journaux on concocte le gros titre de la prochaine édition.

Il y a aussi des forts Chabrol dont personne ne parle, parce que l'on est parvenu à désarmorcer la bombe. Par exemple, dans le cas de cet homme enfermé chez lui, avec cinq personnes de sa famille :

– Si vous approchez, je les tuerai tous.

Le préfet avait obtenu le silence des journalistes et, pendant quatre mois, l'homme attendit en vain que l'on parle de lui dans la presse ou à la télé.

– Nous l'aurons au moment de la pêche à la truite, affirmaient les gendarmes. Il aime trop ça pour ne pas y aller au moins une fois.

En effet, l'homme fut capturé au bord de la rivière, alors qu'il venait de tremper sa ligne dans l'eau. Grâce aux truites, tout était fini avant de commencer.

Les gendarmes mobiles chargés de telle ou telle intervention ne sont pas toujours merveilleusement logés. C'est dire la satisfaction d'un escadron en se retrouvant dans un ancien hôtel de la Côte d'Azur. Les murs capitonnés de cuir rouge et les miroirs multiples firent dire à ceux qui s'installaient :

– On se croirait dans un bordel!

– On y est, dirent ceux qui partaient.

Ils expliquèrent que le patron avait été abattu deux ans plus tôt, au cours d'un règlement de comptes. Aussi voyait-on parfois arriver un client ignorant l'accident et qui était plutôt déçu de se retrouver en face de pensionnaires à moustaches.

Les déplacements peuvent durer quelques semaines ou quelques mois. Un jour enfin, on rentre à la caserne.

– Quand, vers six heures du soir, je vois des volets se fermer, m'a raconté un officier, et que des enfants descendent dans la cour, avec une tartine de confiture ou un sac de bonbons, je sais qu'un escadron est de retour.

Jusqu'au jour où il faudra repartir. Les uns auront presque la larme à l'œil, alors que d'autres se prépareront à enlever discrètement leur alliance. Car l'uniforme ne rend pas tous les maris parfaits et une épouse de moblot se plaignait à une assistante sociale que son ménage allait mal :

– Depuis longtemps?

– Depuis que mon mari est entré dans la gendarmerie.

– Comment cela?

– C'est le képi qui lui est monté à la tête.

***

Quand la visite d'un officier supérieur est annoncée, le rassemblement a lieu d'avance. En 1966, à Ferrette (Haut-Rhin), le colonel tardait à arriver et une mère qui observait de sa fenêtre dit à ses enfants :

– Les papas commencent à se fatiguer.

– Mais alors, demanda Geneviève (trois ans), c'est le colonel qui amène les chaises?

Lorsque j'ai rendu visite à la caserne de Melun, une partie des gendarmes mobiles étaient en alerte Puma. C'est-à-dire prêts à s'en aller outre-mer dans un délai maximum de six heures.

– Le mois se termine et, hélas! nous n'avons pas bougé, me dit l'un d'eux.

Il est cependant faux de prétendre que le seul travail du gendarme mobile consiste à attendre qu'on lui donne du travail. En réalité, il s'occupe de travaux d'entretien, fait du sport ou améliore son instruction.

Certains préparent le brevet d'arme, un examen qui a bien entendu ses pondeurs de perles. Par exemple, ce candidat auquel on avait demandé : « Comment faut-il parler dans un microphone? » et qui répondit : *Il faut éviter les a-parte, c'est-à-dire ne pas cracher dedans.*

Un jeune moblot, nouvellement promu dans un escadron de la Nièvre, avait été affecté au garage. Sa première tâche fut de vidanger la voiture d'un lieutenant. Après quoi, il alla demander de l'argent pour acheter de l'huile neuve.

– Zut! dit l'officier. J'ai oublié mon portefeuille. Allez voir ma femme.

Madame reçut le jeune homme avec un sourire :

– De l'huile pour l'auto. Vous tombez bien! J'allais justement jeter mon huile de friture, prenez-la.

Entre les périodes d'alerte, les gendarmes mobiles vont prêter main-forte aux brigades territoriales. Ils participent aussi à tous les événements prévus ou imprévus : opérations « coup de poing », accident grave, service d'ordre exceptionnel, battues en forêt, etc.

Les spectateurs des matches de football et de rugby sont loin d'être des modèles de sagesse. D'où la nécessité de faire appel à des gendarmes ou à des gardiens de la paix qui ont au moins l'avantage d'assister gratuitement à un beau match.

Dans une ville où le public a le sang particulièrement chaud, le maire avait obtenu la présence de cent gendarmes mobiles, à chaque rencontre du championnat de football. Tout se passa bien, jusqu'au jour où un officier décida d'envoyer ses hommes après le match de lever de rideau, qui lui paraissait sans importance.

Quand les gendarmes entrèrent sur le terrain, les spectateurs se mirent à les compter : Un... deux... trois... Jusqu'à vingt-deux où pétards et bouteilles volèrent sur le 22e moblot, puis sur le 44e, le 66e et le 88e.

Le commandant de groupement protesta auprès du maire et rappela que l'envoi des gendarmes n'était pas une obligation. Le maire promit ce que l'on voulut, mais il ne pouvait rien contre une foule qui, au match suivant, scanda de nouveau : Un... deux... trois... Et à vingt-deux, comme la première fois, tout vola.

Seulement, à la sortie, les rieurs n'étaient plus du même côté. Debout sur une espèce de podium, un officier de gendarmerie, armé d'un porte-voix, comptait : Un... deux... trois... Jusqu'à vingt-deux!

Chaque vingt-deuxième véhicule eut droit à un épluchage en règle. Et gare à ceux qui avaient surchargé leur auto ou leur car! Les passagers en trop étaient priés de descendre et de rentrer à pied.

Ce fut un sacré tollé, mais le lendemain, beaux joueurs, les passants saluaient les gendarmes d'un sourire :

– Hé, vous nous avez bien eus!

Quand un chef d'État étranger arrive en France, la gendarmerie mobile apporte son concours aux autres forces de sécurité. Vers les années 60, la reine Elisabeth II fit un séjour privé en Normandie. Elle s'intéressait aux chevaux du cru, tandis que le responsable britannique de la sécurité semblait plutôt étudier la production locale de calvados. Cela n'endormait pas son attention et il fit de vifs reproches à un officier de gendarmerie, parce qu'il avait aperçu des képis.

– Vous devez déguiser vos hommes et les mettre dans les arbres, conclut-il. J'y veillerai personnellement.

Les gendarmes mobiles ne se déguisent pas pour escorter les camions de la Banque de France dans lesquels on transporte des fonds. En revanche, les camions sont rigoureusement anonymes et les chauffeurs ouvrent au fur et à mesure les enveloppes contenant les instructions de parcours. Il faut quand même s'arrêter pour manger et un jour, à Caen, une vieille dame demanda à un motard :

– Qu'est-ce que vous transportez?

– C'est une nouvelle sorte de Vache-qui-rit.

– Ah! bon.

Plus tard, le convoi devait gagner l'autoroute et le même motard partit en avant, pour obtenir un passage rapide au poste de péage. Le préposé se faisait tirer l'oreille.

– Alors, m'a raconté le motard, je lui ai dit que nous transportions des déchets atomiques, mais que malheureusement ils n'étaient pas très bien protégés. Après ça, nous sommes passés comme des balles.

***

Montagne dangereuse, plage dangereuse, tous les écriteaux du monde n'empêcheront pas alpinistes ou baigneurs de prendre trop de risques. C'est pourquoi les moniteurs-sauveteurs de la gendarmerie participent, comme la police nationale et les C.R.S., à la protection des plages. En 1975, ils ont ainsi secouru 14 962 personnes. La même année, la gendarmerie de montagne est venue en aide à 9 470 personnes, ce qui a nécessité près de mille sorties d'hélicoptères. Entreprises coûteuses et souvent périlleuses qui ne valent pas toujours aux sauveteurs les remerciements qu'ils seraient en droit d'attendre.

– Plus l'alpiniste s'est conduit stupidement, m'a dit un colonel, moins il écrit. En revanche, les vrais montagnards remercient à peu près toujours.

Les gendarmes du P.C.H.M. de Chamonix ne sont en tout cas pas près d'oublier la nuit du 22 juillet 1971. A la suite d'un orage extraordinaire, une cabine de téléphérique s'était écrasée au sol, avec une seule personne à bord. Dans l'autre cabine, immobilisée à 1 700 mètres, il y avait soixante passagers. Ils furent évacués un à un par la trappe de secours, mais beaucoup n'étaient pas équipés pour la marche. Les faire descendre dans la vallée, par des sentiers à peine tracés, fut un sacré boulot. Les gendarmes n'avaient pourtant pas encore vu le pire. De la cabine, une voix angoissée annonça :

– Il me reste une grand-mère. Elle pèse cent trente-cinq kilos. J'ai peur qu'elle ne passe pas par la trappe et elle refuse de descendre par là.

Après une longue discussion, la grand-mère accepta d'essayer. A la verticale de la cabine, quatre solides gendarmes attendaient. La grand-mère passa tout juste, mais elle passa. Après quoi, malgré l'utilisation d'un stop-chute, grand-mère et gendarmes, tout le monde roula dans les buissons.

La grand-mère avait plus de peur que de mal. Seulement, quant à se mettre en marche, pas question.

– Mes pauvres enfants, mes jambes ne me portent plus depuis longtemps. Je suis quasiment impotente.

On la plaça tant bien que mal sur un brancard. Malheureusement, dans les sentiers de chèvres, il était impossible de la porter à quatre. La descente jusqu'à la route fut un véritable calvaire pour les gendarmes.

Ce n'est que plus tard, dans un café, qu'ils réalisèrent vraiment la qualité de leur exploit. Car la grand-mère était là, plantureuse et réjouie, racontant sa nuit mémorable, bien assise sur deux tabourets.

Un matin, un lieutenant fut avisé qu'un alpiniste et sa fille étaient coincés sur le pic des Agneaux. Or trois cordées de trois gendarmes étaient parties la veille reconnaître des voies. Ils se trouvaient dans un refuge assez proche du pic et le lieutenant parvint à les joindre par radio.

– On y va, répondirent-ils, mais on est fatigués.

En effet, lorsqu'ils rejoignirent la caravane de secours, venue à leur rencontre, ils avaient les traits tirés et peinaient tous plus ou moins. Mais les deux alpinistes étaient saufs et c'était là l'essentiel.

Six mois après, le lieutenant entendit par hasard une conversation entre deux jeunes gendarmes. Ils évoquaient le sauvetage des Agneaux... et cette bande de filles, dans le refuge, avec qui ils avaient passé une nuit joyeuse, mais bien fatigante.

***

On sait que l'arsenal de Brest est la partie du port où les bâtiments de guerre sont armés, réparés, ravitaillés. Bien entendu, il n'est pas question d'y pénétrer comme dans un moulin ni de faire entrer ou sortir des marchandises non autorisées.

Un soir de 1944, à la porte Jean-Bart, trois gendarmes maritimes, deux jeunes et un ancien, venaient de prendre la garde, quand ils découvrirent une bouteille de vin vieux dans la valise d'un marin. Le coupable, menacé d'une amende, proposa de laisser la bouteille, provoquant l'indignation du chef de poste :

– Quoi, tentative de corruption!

Le gendarme finit par se calmer. Il voulait bien passer l'éponge, mais il fallait faire disparaître le corps du délit. Alors, magnanime, il jeta la bouteille à la mer.

– Ça va, terminé, dit-il.

Puis, contrairement à son habitude, il se proposa pour prendre la garde de minuit à quatre heures, la plus mauvaise, celle qui coupe le sommeil en deux. Celle aussi de la marée basse dont il profita pour récupérer la bouteille.

Quelque temps après, le même gendarme ou un autre confisqua une bouteille de vin, mais cette fois la vida dans le lavabo.

– Vous auriez mieux fait de le garder pour vous, dit le matelot, néanmoins plein d'admiration pour ce sens du devoir... et sans se douter que, sous le lavabo, il y avait une touque dans laquelle le gendarme récupérait le pinard.

L'installation s'améliora par la suite et un tuyau de plomb traversa le mur pour déverser le vin dans la pièce voisine. Jusqu'au jour où un officier découvrit le pot au vin et mit fin au système.

Les gendarmes maritimes portent l'uniforme et la casquette des marins, avec tout juste un insigne distinctif rappelant qu'ils restent gendarmes. Bien sûr, la surveillance des portes des arsenaux n'est qu'une de leurs missions, la plus riche, il est vrai, en anecdotes :

– Regardez, jeune, comment on travaille, disait un chef de poste en effectuant la fouille minutieuse d'un camion de vivres, sous l'œil admiratif de son nouveau subordonné.

Au bout d'un quart d'heure, n'ayant rien trouvé, mais satisfait de sa démonstration, le chef fit signe au conducteur de passer. Cinq minutes plus tard, le téléphone sonna pour signaler le vol d'un camion de vivres par un marin qui n'avait même pas de permis de conduire.

Le rieur n'est pas toujours du même côté. Un jeune matelot venait de regonfler son vélo avant de sortir.

– Vol d'air dans l'arsenal, dit le gendarme maritime, c'est grave. Dégonflez-moi ce pneu. Vous le regonflerez après avoir franchi la porte.

Il y a aussi, quand on est simple gendarme, le plaisir de coincer un officier de marine avec des bouteilles de whisky qu'il a oublié de déclarer. Mais les officiers de marine rirent à leur tour, le jour où l'un d'eux réunit les hautes autorités du port et montra une torpille qu'il avait reconstituée chez lui, morceau par morceau.

Le premier parchemin concernant la gendarmerie maritime date de 1648 : *Ils feront leurs chevauchées par les côtes et les grèves et ports de nos mers, nettoieront icelles de voleurs et pirates, poursuivront déserteurs des armées navales, leur feront procès.*

Intégrés dans la gendarmerie nationale en 1791, les gendarmes maritimes ont été à plusieurs reprises rattachés à la marine, avant de revenir en 1970 dans le giron gendarmique. Mais la marine continue à utiliser leurs services et l'important reste bien entendu les perles.

A une porte de l'arsenal de Brest, le gendarme de garde avait interpellé un matelot *qui titubait nettement.*

Vêtu d'un pantalon dont la braguette était ouverte, disait le P.V., *il n'est pas parvenu à nous présenter sa pièce d'identité militaire.*

Comme tous les gendarmes, les maritimes ne sont pas uniquement répressifs. C'est ainsi que le 31 juillet 1975 deux plongeurs autonomes descendirent à huit mètres de profondeur, dans la Méditerranée, pour retrouver un dentier perdu par un touriste anglais.

Au temps où les militaires devaient avoir l'autorisation de leurs chefs pour se marier, la gendarmerie était chargée des enquêtes. S'il s'agissait d'un officier, le commandant de compagnie s'en occupait lui-même, mais avant il donnait généralement un coup de fil au fiancé, pour savoir où il mettait les pieds.

Naturellement, la gendarmerie maritime avait sa part d'enquêtes. Vers 1959, à Oran, un capitaine ne parvint pas à joindre le futur qui était en mer. Il se rendit néanmoins à l'adresse de la fiancée. Là, une servante algérienne lui dit que madame et mademoiselle étaient sorties.

– Pouvez-vous me dire où travaille monsieur?

– Mais monsieur ne travaille pas. Il est colonel.

Renseignements pris, le colonel dirigeait le cabinet du général commandant la région et il rit beaucoup, quand on lui raconta l'histoire.

A la fin du tour du monde de la *Jeanne-d'Arc,* il y avait à Brest des mariages en série et les officiers de gendarmerie n'arrêtaient pas de pondre des rapports. Heureusement, les futures étaient généralement des lis, filles d'officier de marine et élevées dans les meilleures institutions.

Pour le principe, l'enquêteur passait quand même jeter un coup d'œil dans le fichier de la police. Un capitaine trouva ainsi de quoi pondre ce rapport : *Bien que l'intéressée soit défavorablement connue* des services de police, le soussigné estime que l'union projetée présente suffisamment de garanties d'honorabilité pour que l'autorisation de mariage puisse être accordée.*

En bas de page, il ajouta un renvoi : **Pour avoir, au mépris d'un arrêté municipal et à l'âge de huit ans, pratiqué illégalement le patin à roulettes sur les trottoirs de la rue de Lyon.*

L'auteur du rapport, aujourd'hui lieutenant-colonel, m'a confié :

– Il faut croire que les marins ont le sens de l'humour, car je n'ai pas été rappelé à l'ordre.

★★★

Ils étaient deux gendarmes de l'air, quelque part en Lorraine. Circulant à pied non loin de la base aérienne dont ils assuraient la surveillance, ils arrivèrent dans un village. Un vieillard se chauffait devant sa porte. Voyant les gendarmes s'arrêter, il leur dit :

– Si vous cherchez le compteur à gaz, c'est là.

Dotée de la tenue et de la casquette des aviateurs, mais conservant les attributs blancs des gendarmes, la P.A.F. (alias Pandore Air Force) assure la sécurité des aérodromes militaires. Contrairement à ce que l'on pourrait croire, elle ne s'occupe pas des avions et des hélicoptères de la gendarmerie. Il ne faut pas non plus la confondre avec la vraie P.A.F. (police de l'air et des frontières) qui contrôle les passagers sur les aérodromes, ni avec la gendarmerie des transports aériens (alias transports Zaza) qui a la charge de la sécurité des aérodromes civils et qui, depuis sa création en 1953, a conservé l'uniforme de la départementale.

Tout cela est compliqué et je préfère évoquer un gendarme de l'air moustachu qui, vers 1946, repéra un troupeau de moutons broutant l'herbe d'un aérodrome militaire proche d'Alger. La chose étant on ne peut moins réglementaire, il fonça, mais le berger courait plus vite que lui et, essoufflé, il dut s'arrêter.

– Je ne t'ai pas, cria-t-il, mais j'ai ton troupeau.

Jamais gendarme rentrant à la base ne fut autant applaudi. Il faut dire qu'il avait une sacrée allure, juché sur un âne et poussant devant lui quinze moutons, auxquels il criait :

– Allez, mes petits, allez, mes petits.

Bien entendu, les gendarmes de l'air se préoccupent davantage des saboteurs ou des espions que des ânes ou des moutons. Mais il s'agit alors d'histoires couvertes par le secret militaire et, celles-là, personne ne me les a confiées.

En revanche, les gendarmes des transports aériens m'ont raconté comment ils arrêtèrent, sur l'aérodrome de Roissy-en-France, deux jeunes gens armés de carabines. Ce n'était ni des terroristes ni des gangsters, simplement deux garçons qui, voyant ce grand terrain, avait pensé pouvoir faire du tir, sans risques de blesser quelqu'un.

La loi organique du 28 germinal an VI, rappelée et reprise par le décret du 20 mai 1903, affirme d'une manière nette la vocation de la gendarmerie à assurer la police des voies de communications...

Le moment est proche où, une fois terminé le montage des stations interplanétaires, la circulation terre-cosmos connaîtra un essor tel qu'une régulation s'imposera absolument pour éviter ou tout au moins limiter les risques d'accident...

En conséquence, j'ai décidé de créer dans un proche avenir une subdivision nouvelle dite « gendarmerie de l'espace » qui opérera spécialement le long des orbites balistiques et au sein des stations interplanétaires.

Le personnel affecté aux formations en cause y servira pendant une durée limitée provisoirement à deux années, tant que ne seront pas mieux connus les risques à attendre des météorites et des rayons cosmiques.

Il bénéficiera du régime dit « de campagne triple » et recevra par assimilation à la solde de l'armée de l'air une solde dite « cosmique » comportant une majoration de 77 % du taux de base.

L'armée de l'air, ayant accepté de former dès maintenant les personnels destinés à la gendarmerie de l'espace, un premier recrutement est ouvert à tous les personnels de l'Arme sur la base du volontariat.

Cette circulaire du sous-directeur de la gendarmerie arriva dans un certain nombre de brigades de Dordogne le 1er avril 1974. Quelques-unes répondirent sérieusement; les autres devinèrent qu'il s'agissait d'un poisson d'avril de leur commandant de compagnie et entrèrent à leur tour dans le jeu :

Tous les militaires de la brigade sont volontaires. Ils possèdent le permis de conduire « tous azimuts ». Leur désir est d'échapper aux corvées ménagères et aux épouses acariâtres. Il a été relevé chez certains quelques troubles de mémoire et de compte en banque que la majoration de solde indiquée remettra à flot.

Canular en 1974, les pandores de l'espace ne seront-ils pas un jour une réalité?

***

Sauf quelques exceptions, les officiers de gendarmerie changent d'affectation tous les deux, trois ou cinq ans. Ce qui fait qu'en interviewant moblots, rameurs ou aviateurs, j'ai recueilli des anecdotes supplémentaires sur la départementale ou l'outre-mer.

Les nouvelles affectations sont parfois précédées d'un stage de recyclage, car la gendarmerie évolue constamment. Elle a vu en vingt ans ses véhicules passer de 14 258 à 28 000, ses hélicoptères de 1 à 42 et ses vedettes maritimes de 1 à 57.

Hélas! dans le même temps, le nombre des crimes et des délits augmentait. Les malfaiteurs eux aussi sont de mieux en mieux équipés. Un peu partout, on agresse, on viole, on cambriole. Même les petits bals de campagne ne sont plus à l'abri des trublions qui viennent casser pour le seul plaisir de casser. Beaucoup d'édiles demandent que la gendarmerie dispose d'effectifs plus importants. Seulement, pour cela, il faut des crédits.

– Un sous-marin atomique en moins représenterait combien de gendarmes supplémentaires? m'a demandé le professeur Hurdon.

Je n'ai pas calculé, mais les parlementaires dont c'est le métier pourraient peut-être le faire et accorder à Pandore plus de 10,37 % du budget militaire, sa modique quote-part en 1977.

Malgré des crédits toujours insuffisants, les gendarmes ont à leur actif des réalisations dont ils sont justement fiers, comme le Centre administratif et technique. Mais, qu'il s'agisse du service des deniers, des ateliers de mécanique, du fichier central ou du centre de traitement électronique, tout cela m'a semblé trop bien organisé pour que j'y trouve des perles.

Par ailleurs, la presse et la télévision ont tellement parlé du Centre de Gramat (Lot) que j'ai préféré ne pas aller voir comment sont formés les 230 chiens policiers de la gendarmerie. Je sais seulement que, chaque année, ils aident à sauver plus de mille personnes.

Ils ne sont cependant pas infaillibles et des gendarmes périgourdins se souviennent du jour où le chien de Bergerac voulait les entraîner vers une colline, alors qu'ils avaient déjà repéré dans un champ de blé, juste du côté opposé, les deux évadés recherchés.

J'ai été faire un tour au laboratoire photo du fort de Charenton. C'est là que tous les gendarmes de France envoient leurs pellicules à développer. Des traces de pas voisinent ainsi avec un pendu, une porte fracturée ou une auto qui dépasse la vitesse autorisée.

En 1976, sept millions de photos ont été tirées et réexpédiées dans les quarante-huit heures par des gendarmes qui ont troqué l'uniforme contre une blouse de travail. De temps en temps, ils rient en trouvant une perle sur un bordereau d'envoi :

Vues prises par un gendarme ne possédant pas d'appareil.

Négatifs appartenant au curé chargé du vol d'objets d'art.

Urgent, autopsie par juge instructeur.

Qu'il s'agisse d'une *autopsie de cadavre* ou d'un *suicide de jour,* ces photos sont généralement bonnes, mais, en cas de pépin, les techniciens expliquent l'erreur commise : mauvais cadrage, surexposition, soleil sur l'objectif, etc.

SACRÉS GENDARMES

Le jour où j'ai visité le laboratoire, on venait de recevoir une photo, avec dans le coin un cadran indiquant une vitesse de 86 km/h. A côté, au lieu d'une auto, il y avait un homme vêtu d'un survêtement et en train de courir. La photo fut retournée avec cette note : *Félicitez le coureur et envoyez-le aux Jeux Olympiques, ou bien vérifiez l'appareil.*

***

– Dans la gendarmerie, m'a expliqué un lieutenant-colonel, plus on est à gauche, plus on a de chances de faire une belle carrière.

Pas pour des raisons politiques, mais parce que sur la feuille de notes des officiers (alias cimetière) les croix, concernant les qualités foncières de l'intéressé, sont disposées de droite à gauche, en allant d'insuffisant à élite.

Les sous-officiers sont notés avec des chiffres dans l'interprétation desquels intervient la courbe de Gauss, avec en prime cette modeste perle : *Carnet de notes circonscription en retour après ouverture du gendarme X...*

Il n'y a plus guère de place pour des appréciations nuancées et le temps est, hélas! passé des formules du genre de celle-ci, datant de l'époque où la gendarmerie mobile s'appelait encore la garde mobile : *Idiot du village transposé dans la Garde. A dans les yeux des reflets de prairie qui ne s'allument que lorsqu'il est question de gros sous. A pousser avec ménagements vers la retraite.*

Avant l'utilisation de la courbe de Gauss, on lisait à propos d'un gendarme du Nord aussi négligent que paresseux : *Pousse son vélo à travers la circonscription.* Alors qu'un autre flemmard, par ailleurs fort prétentieux, était épinglé en six mots : *Sait tout mais ne fait rien.*

Les commentaires n'ont quand même pas été totalement supprimés et, vers 1972, on trouvait cette formule digne d'inspirer un romancier : *Gendarme dont le déroulement de la carrière a été étroitement lié aux aspirations intimes de son épouse.*

En des temps plus anciens, des élèves du Centre d'instruction de la gendarmerie maritime devinrent orphelins sans le savoir, l'officier chargé de les noter ayant indiqué qu'*ils manquaient absolument d'ascendance.*

Le même officier trouvait aussi que des élèves *manquaient singulièrement de mâturité.* Ce qui avait fait dire à un lieutenant de l'état-major :

– La mâturité doit être l'aptitude à grimper au mât.

Il y a des notes qui appartiennent à la légende, mais un capitaine m'a affirmé que celle-ci fut vraiment attribuée à un officier de la mobile : *Ne commande qu'au bar.*

Comme dans le reste de l'armée, certains grades sont un droit acquis et ils sont attribués à l'ancienneté. D'autres, en revanche, sont attribués au choix par le ministre, sur proposition du directeur de la gendarmerie. Fin décembre, la publication du tableau d'avancement est un véritable suspense pour celui qui est « dans la barre » et attend de savoir s'il sera promu ou non.

Un chef d'escadron apprit ainsi qu'il allait passer lieutenant-colonel (cinq galons panachés or et argent).

– Ah! s'écria-t-il, ils ont tout de même fini par me la donner, ma tranche napolitaine.

Les avancements exceptionnels sont rarissimes. Certes, il y a le gendarme Merda à qui son hypothétique coup de pistolet valut de se retrouver sous-lieutenant au 5e régiment de chasseurs. Cela en vertu de la première application d'une loi due à Robespierre et selon laquelle la Convention pouvait accorder des grades à titre de récompense nationale.

SACRÉS GENDARMES

En France du moins, le temps est passé où un ambitieux avait plus d'intérêt à tuer un chef d'État qu'à lui sauver la vie. Le gendarme Marroux n'était pas ambitieux et, le 27 août 1962, le général de Gaulle en fit du jour au lendemain un maréchal des logis-chef. Marroux n'était même pas inscrit au tableau d'avancement, mais il conduisait la voiture du Général, lors de l'attentat du Petit-Clamart, où son sang-froid et son adresse furent pour beaucoup dans l'échec des tueurs. Quand je lui ai dit qu'il avait été extraordinaire, il m'a répondu avec simplicité :

– J'ai fait mon métier.

Jamais gendarme n'avait paru si sympathique.

La Presse, Montréal, 1967.

LA PARADE DU GENDARME

EN ÉCRIVANT *la Foire aux bidasses,* j'ai appris que les fantassins habitent dans des casernes et les cavaliers dans des quartiers. Lorsque j'ai rendu visite au quartier des Célestins, à Paris, je savais donc que j'y trouverais des gardes républicains à cheval.

– Vous n'arrivez pas à une bonne heure, me dit le lieutenant-colonel avec qui j'avais rendez-vous, sinon vous auriez vu des cavaliers sur la piste et dans la cour du manège.

– Cela m'aurait intéressé, car j'ai fait un peu de cheval quand j'étais enfant, en Dordogne.

– Non, rectifia mon interlocuteur, vous êtes monté à cheval ou bien vous avez pratiqué l'équitation.

– C'est vrai et je crois aussi que l'on ne dit pas la patte du cheval, mais sa jambe.

Les cavaliers sont pointilleux sur certains termes, mais ils utilisent peu l'argot. A l'occasion, pour désigner leurs chevaux, les gardes parlent des *bourriques,* des *ânes,* et surtout des *bisons.*

– De toute façon, m'a expliqué un garde, ils ont de très jolis noms, alors nous les appelons plutôt Fou-du-roi, Neuf-de-cœur, Ultra-beau, Gare-à-toi, Elfe-de-la-Lande. Ou encore Gaillarde, Fringante, Friponnette, Coquette, etc.

Apprendre à *monter à canard,* comme disent les gardes, n'est pas si facile. En pleine canicule d'août, un élève cavalier venait de tomber pour la troisième fois. Couvert de sueur et de poussière, il jurait :

– Je monte plus d'sus! Je rentre ché mouô!

Tandis que le beau Cyrano regardait d'un œil goguenard ce grand gaillard qu'il s'était amusé à jeter à terre.

Les nouveaux sont parfois victimes de farces. La plus classique consistant à clouer des bottes au plancher, ce qui au réveil provoque l'effet d'hilarité que l'on imagine. Vers 1950, un ancien avait dit à un jeune garde du quartier des Célestins :

– Prends une brouette et va à la caserne Napoléon demander la pompe à bain d'air.

Le nouveau y alla et fut promené de service en service, avant d'apprendre qu'en période de canicule les chevaux sont sortis des écuries pendant deux heures et que cela s'appelle le bain d'air.

En 1977, les cinq cents chevaux de la garde républicaine de Paris (alias G.R.P.) sont répartis entre le quartier des Célestins (près de la Bastille) et le quartier Carnot (derrière le bois de Vincennes). Auparavant, la garde occupait un quartier, place Monge, où il n'y avait ni piste ni manège, si bien que les chevaux étaient promenés tous les jours à travers les rues de Paris. Chaque garde montait un cheval et en tenait un autre par un bridon. Mais la circulation rendait les choses de plus en plus difficiles et le déménagement fut bien accueilli par tout le monde.

Un matin, un garde lut sur le cahier de service : *Universel et Carreaux.* Il savait où était Universel, mais il chercha en vain Carreaux avant de comprendre qu'il devait d'abord promener Universel et ensuite nettoyer des vitres.

Vers les années 50, les chevaux du quartier des Célestins avaient droit aussi à des promenades dans Paris. Les anciens se souviennent d'un adjudant que sa femme attendait chaque jour à la fenêtre, non pour admirer sa fière allure, mais pour lui présenter une ardoise avec la liste des commissions à faire avant de remonter chez lui.

A la même époque, un adjudant-chef dit à un jeune garde :

– Les élèves de Polytechnique vont venir monter. Vous allez astiquer les selles au préalable.

Et le garde se rendit au magasin pour demander une boîte de préalable.

Les officiers de la G.R.P., qu'ils soient à cheval ou à pied, ont souvent des surnoms. Je sais par exemple que j'ai rencontré le Géant des Flandres, la Chevrette, le Glaoui, Luc Bradefer, Hans le Terrible. Mais il y a aussi le Shaddok, le Petit Prince, l'Enfant-Loup, etc.

La façon dont l'officier monte à cheval compte beaucoup aux yeux des gardes. L'un d'eux m'a raconté l'histoire de Jo la Bascule, un lieutenant un peu vantard qui, tous les matins, montait le même cheval bai-brun. Jusqu'au jour où on lui donna un autre bai-brun, celui-là presque impossible à monter. Un vrai cavalier, même distrait, s'en serait rendu compte dès les premières foulées. Jo la Bascule, lui, tomba sept ou huit fois avant de réaliser que ce n'était pas son cheval habituel.

Un 1er avril, une note de service ordonna à un autre lieutenant de se rendre en personne auprès du service vétérinaire, afin d'y percevoir un paquet d'étampures qu'il distribuerait aux gardes de son peloton. Le jeune officier s'exécuta immédiatement et les vieux gardes infirmiers en rient encore, car les étampures sont en réalité les trous du fer à cheval.

***

En 1976, la garde républicaine de Paris comprenait 3 000 officiers et sous-officiers dont 500 à cheval et 150 à moto. Cavaliers et motards assurent les missions d'honneur et de sécurité, en particulier l'escorte du président de la République et des chefs d'État étrangers, y compris Ramsès II dont la momie vint, en 1976, faire une cure de jouvence au musée de l'Homme.

La G.R.P. est également chargée de la protection de divers ministères, états-majors et autres organismes officiels. C'est la tâche des gardes à pied, alias *pousse-cailloux* ou *mille-pattes*. Certains ont des planques douillettes, mais d'autres doivent *prendre la caisse.*

La caisse est la guérite où le garde se réfugie en cas d'intempéries. Autrement, il lui faut déambuler, trente pas à gauche, trente pas à droite. Le service de caisse est beaucoup plus strict à l'Élysée qu'au palais du Luxembourg ou au Palais-Bourbon. Personnage précieux entre tous, le président de la République est protégé par des mille-pattes choisis pour leur tenue brillante et leurs capacités opérationnelles.

La ligne avancée est constituée de gardes arborant tunique noire, ceinturon et gants blancs, shako à plumet rouge. Ce qui fait le bonheur des touristes en mal de photos. Dans la cour de l'Élysée, d'autres gardes rendent les honneurs aux visiteurs de marque et ils sont les favoris des reporters de la télévision.

Le général de Gaulle connaissait bien les gardes chargés de la protection rapprochée. Il lui arrivait parfois de dire à l'un d'eux :

– Je ne vous ai pas vu depuis quelque temps.

– Je passais le brevet d'arme, mon général.

– J'espère que ça a bien marché?

Le nombre des gardes était ignoré du Général qui jugeait toujours exagérées les mesures de sécurité prises en sa faveur. Quand, en mai 1968, une soixantaine de gendarmes mobiles vinrent en renfort, ils furent cachés dans les sous-sols de l'Élysée. Ils passèrent inaperçus, sauf le jour où quelques anciens d'Indochine voulurent manger une soupe chinoise et où Mme de Gaulle descendit demander au cuisinier les raisons de cette odeur épouvantable.

Le 30 mai 1968, les gaullistes remontèrent les Champs-Élysées en acclamant le nom du Général. Ce soir-là, un jeune gendarme emprunta le chemin de ronde aménagé le long des grilles du parc. Il portait une bouilloire de café au pavillon Gabriel quand, dans la pénombre, il manqua heurter un homme. C'était le Général qui, suivi par Mme de Gaulle, était venu écouter les échos de la manifestation en sa faveur.

La légende prétend que de saisissement le jeune gendarme laissa choir son café. En réalité, il fit prestement passer la bouilloire dans sa main gauche et salua le Général qui grommelait avec satisfaction :

– Il y a beaucoup de monde!

C'est sous le règne du général de Gaulle que l'on installa un chauffage aux infrarouges dans les guérites. L'hiver, deux heures de caisse semblent longues et il n'est pas question de passer son temps dans « la cocotte-minute ». Certes, il y a la possibilité de porter des sous-vêtements chauds, mais les bottines ne sont pas plus faites pour le froid que les gants de nylon blanc. Rien d'étonnant donc à ce que l'on ait envie de griller une cigarette!

– Ce n'est pas défendu, m'a dit un garde. Ce qui est défendu, c'est de se faire prendre.

Quand l'officier de ronde arrive, le mégot disparaît dans le canon du fusil, où il sera récupéré sans dommages.

La tunique et le col à tarte en celluloïd sont des carcans en période de chaleur. Mais peut-être verra-t-on un jour un président de la République plus humain que les autres et qui fera donner à ses gardes une tenue chaude pour l'hiver et une tenue légère pour l'été.

Si l'idée ne vient pas à un président, peut-être viendra-t-elle à une présidente? La bonne Mme Coty avait bien fait apporter des fauteuils de salon aux gardes qu'elle voyait dans le jardin de l'Élysée, pour qu'ils puissent se reposer.

Après deux heures de caisse, les gardes ont droit à quatre heures de repos dans le poste de garde, mais ils restent de service, prêts à intervenir en cas de nécessité. Il ne leur est cependant pas défendu de dormir ni même de ronfler comme ce maréchal des logis-chef, orfèvre en la matière au point d'être surnommé Dakota.

Il y a ainsi des personnages légendaires qui ne sont pas près d'être oubliés. Par exemple, un Ardennais toujours en train d'évoquer ses campagnes :

– Dans une embuscade, en Indochine, il y a eu huit morts et neuf tués...

En réalité, il avait surtout été gérant de mess et ses camarades apprirent un jour qu'il avait même failli empoisonner toute une compagnie, avec des frites à l'huile de lin. Mais ce haut fait-là, il ne s'en vantait pas.

Autre figure légendaire, un adjudant amateur de langage fleuri et qui, lors d'un rassemblement, constatait l'absence d'un garde.

– C'est le coiffeur, dit quelqu'un.

– Effectivement, j'oubliais que notre camarade est en train de se livrer à des menus travaux d'artisanat capillaire.

Comme n'importe quelle institution, la G.R.P. a bien sûr quelques calinos. Tel ce chauffeur auquel un lieutenant-colonel avait dit :

– Allez me chercher la clef sur le guéridon.

Cinq minutes plus tard, le lieutenant-colonel commençait à piaffer, quand le chauffeur apparut avec le guéridon sur le dos.

– Alors, s'écria le lieutenant-colonel, si j'avais dit la clef sur la porte, vous auriez descendu la porte!

Qui n'a pas commis une erreur dans sa vie? Lorsqu'il était jeune garde, un adjudant fut réveillé au milieu de la nuit par une sonnette. Personne à la porte. Furieux, il essaya de faire taire la sonnette à coups de balai. Le lendemain matin, il apprit qu'il s'agissait d'un exercice et qu'il aurait dû descendre dans la cour de la caserne. Heureusement, la sonnette était solide et elle avait résisté aux coups de balai.

Un autre adjudant m'a raconté qu'un dimanche, à l'Élysée, il était chargé de la répartition des chauffeurs. Il n'avait pratiquement rien à faire, car personne ne travaillait, et il bavardait au téléphone avec des copains qui, comme lui, assuraient l'obligatoire permanence.

– En fin d'après-midi, le téléphone sonne et une voix me dit : « Je vous passe le président. » J'ai cru que c'était une blague d'un camarade et, quand on m'a réclamé une bagnole, j'allais répondre : « Allez, ça va, arrête tes conneries. » Mais, au bout du fil, on a ajouté : « C'est pour reconduire mon petit-fils. » Alors, brusquement, j'ai reconnu la voix du général de Gaulle.

Quinze ans après, le brave adjudant en frémissait encore!

⁂

L'ancêtre de la G.R.P., a écrit un candidat au brevet d'arme, *ce sont les guetteurs*.

D'autres historiens se contentent de remonter jusqu'à 1254, date de la création du guet royal, mais il serait fastidieux d'énumérer toutes les transformations qui aboutirent à une unité dont on a dit qu'elle était « un vieux corps toujours jeune ».

C'est pourquoi les anciennes astuces ont toujours cours et, lorsque des gardes républicains sont de surveillance aux examens d'entrée à Polytechnique ou autres grandes écoles, il arrive que les candidats scandent :

– Un pot... deux pots... trois pots... quat' pots... cinq pots... CI-PAUX.

Cette scie doit remonter aux gardes municipaux de Paris qui, sous la monarchie de Juillet, étaient appelés les cipaux. La grammaire voulant que l'on dise *un cipal, des cipaux*.

La présence d'un piquet d'honneur de la G.R.P. est subordonnée à celle d'un membre du gouvernement. Seulement, un ministre promet souvent de venir, tout en comptant bien se faire représenter par un quelconque attaché de cabinet.

Même sachant que le ministre ne sera pas là en personne, les organisateurs demandent un piquet d'honneur dont l'uniforme d'apparat chatouille agréablement leur amour-propre. Mais un officier de la garde a les numéros de téléphone des secrétaires personnelles de tous les ministres et, le matin de la cérémonie, il se renseigne. En cas de réponse négative, il appelle courtoisement les organisateurs. Par exemple, l'attaché de presse d'une grande firme automobile qui donnait un cocktail pour son réseau commercial :

– Je tenais à vous prévenir que le ministre de l'Industrie serait représenté par un de ses collaborateurs.

– Qu'est-ce que vous voulez que ça me fasse?

– Je voulais seulement vous prévenir qu'étant donné l'absence du ministre, nous n'enverrons pas de piquet d'honneur.

– Vous n'allez pas me faire ça!

Les gardes républicains ne participent pas à n'importe quelle manifestation et l'on aurait tort de croire qu'il suffit de payer pour en avoir une demi-douzaine à sa porte.

Les membres du gouvernement et a fortiori les chefs d'État étrangers sont les seuls à avoir droit aux honneurs, c'est-à-dire à la présentation du sabre. Les autres personnalités importantes bénéficient tout de même d'un garde-à-vous flatteur pour leur amour-propre.

J'avoue pourtant avoir été un peu gêné par certaines réceptions militaires où les gardes ne rendaient pas les honneurs et où ils étaient placés de-ci de-là, uniquement pour faire beau. Ils méritaient d'autant plus leur surnom de *pots-de-fleur* qu'ils alternaient souvent avec des plantes vertes.

Un retraité de la gendarmerie passait un soir devant l'église de la Madeleine quand il vit deux gardes républicains en tenue, figés en haut des marches. Tout étant fermé, il s'étonna :

– Qu'est-ce que vous faites là?

– On attend l'ouverture du théâtre.

Nouveaux dans le métier, les deux gardes avaient confondu l'église de la Madeleine et le théâtre de la Madeleine.

En 1954, un autre nouveau fut envoyé au théâtre Antoine. A un moment donné, un des acteurs se trouvait dans la salle et, de la scène, on criait :

– Arrêtez-le.

Le garde bondit et ceintura l'acteur qui ne fut libéré qu'après intervention d'une ouvreuse plus au courant du déroulement de la pièce. Cet intermède eut d'ailleurs beaucoup de succès et le directeur demanda au jeune garde s'il ne voulait pas le renouveler tous les soirs.

Bien entendu, les ouvreuses sont heureuses de faire appel au garde si elles ont des difficultés avec des spectateurs. Un adjudant évoquait par exemple son intervention auprès d'un fumeur récidiviste et récalcitrant.

– Quand il m'a donné ses papiers, il n'en avait pas!

En 1976, les gardes de service dans les théâtres étaient toujours condamnés au port de la tunique. C'est dire qu'ils avaient parfois sacrément chaud et, à une époque où les spectateurs ne s'habillent plus guère, on pourrait (en dehors des générales) autoriser une tenue moins éprouvante.

Elle est la même pour l'officier chargé de la tournée d'inspection.

– Aux Folies-Bergère, m'a raconté un capitaine, le portier est costumé en amiral et le moindre vendeur de programmes a l'air d'un général sud-américain. Résultat, en nous voyant avec nos médailles pendantes et nos gants blancs, des spectateurs nous demandent tantôt les toilettes, tantôt le bar.

– Vous les renseignez?

– Oui, mais pour le principe j'ajoute ensuite : « La gendarmerie à votre service. »

Au Palais de justice, les gardes assurent le transfèrement des détenus devant les magistrats instructeurs ou aux audiences. Bien entendu, ils doivent, comme disait un élève gendarme, *veiller aux tentations d'évasions*.

Ils sont aussi chargés du maintien de l'ordre pendant les séances. Un jour, le président du tribunal annonça :

– L'audience continue à huis clos.

Le jeune garde de service compta huit personnes dans le public et fit sortir les autres. Ce qui lui valut le surnom de Huis-Clos.

***

Le survol du Tour de France cycliste est interdit. En voyant un avion évoluer au-dessus de lui, le secrétaire général du Tour dit à un adjudant-chef :

– Arrêtez-moi immédiatement cet avion.

Les trente gardes républicains qui participent chaque année au Tour de France ne disposent pas encore de motos volantes. Ils ont déjà fort à faire pour ouvrir la voie, d'abord à la caravane publicitaire, ensuite aux coureurs. Car la foule est là, toujours indisciplinée.

Quand les coureurs effectuent un trajet en avion, les motards rallient par la route. En outre, ils ne sont pas forcément logés dans la ville même de l'étape, si bien qu'en 1976 ils ont parcouru 7 900 kilomètres contre 4 050 à Van Impe and Co.

Lors d'une étape, allant d'Orcières-Merlette à Marseille, Eddy Merckx, furieux d'avoir été battu la veille dans la montagne par Luis Ocaña, décida d'attaquer à fond. Ce qui aurait dû être une étape de transition se révéla la journée la plus rapide du Tour et les coureurs avaient près de deux heures d'avance sur l'horaire.

Un motard fut donc envoyé demander à la police de Marseille de mettre en place le dispositif de sécurité plus tôt que prévu. Demande qui provoqua l'ire d'un gradé :

– Il n'est pas question de modifier l'horaire. Les coureurs, comme les autres, n'ont qu'à respecter les arrêtés préfectoraux et municipaux.

Lors d'une visite privée de la reine de Hollande, l'escorte

de motards s'égara. Il ne s'agissait pas de ceux de la garde républicaine qui, en revanche, étaient de service, quelques jours après, pour la visite officielle de M. Gierek, premier secrétaire du parti communiste polonais et ancien mineur en France. D'où cette réflexion d'un chef d'escadron à ses motards :

– Ne vous trompez pas de route. Sinon je vous mets dedans pour détournement de mineur.

Les punitions sont rares à la G.R.P. et curieusement les plus fréquentes concernent la perte des papiers professionnels. Avec, pour un garde, une circonstance aggravante, les papiers ayant été perdus *dans un lieu équivoque de Paris.*

La vie familiale en caserne a bien entendu ses obligations, d'où ce motif datant des années 50 : *Manque d'autorité dans son ménage. En dépit d'observations répétées n'a pas pu empêcher sa femme de se quereller avec une voisine.*

Le mari de la voisine était d'ailleurs gratifié de la même punition.

D'autres motifs montrent les exigences particulières de la garde, celui-ci par exemple daté de 1956 : *Faisant partie d'une compagnie rendant les honneurs à un chef d'État étranger, n'a pas observé l'immobilité, malgré les recommandations récentes du commandement à ce sujet et a tourné la tête au passage de la haute personnalité.*

Il est vrai qu'il y a parfois des circonstances atténuantes. Par exemple, un matin de 14 juillet où des cinéastes placèrent une demoiselle à la poitrine nue sur un balcon de la rue de Rivoli. Ce jour-là, les têtes des cavaliers eurent du mal à rester droites et les regards ne furent plus du tout fixés à l'horizon.

Les gardes républicains sont aussi de service sur certains champs de courses et ils ont fière allure.

– J'ai toujours regretté, m'a confié un fringant officier,

de ne pouvoir inscrire mon numéro de téléphone sur mon casque.

Un jour, à Longchamp, lors de la pause réglementaire, un garde dévorait un sandwich à côté de sa monture. Le noble animal avait dû disputer quelques courses dans sa jeunesse. Repris par l'ambiance, il échappa à son cavalier, sauta la barrière et termina dernier à cinq longueurs.

A l'occasion d'une grande première cinématographique, sur les Champs-Élysées, deux demoiselles avisèrent le casque à crinière d'un lieutenant. Pensant au pompon rouge des marins, elles demandèrent :

– Est-ce que ça porte bonheur de toucher la queue?

Le lieutenant est aujourd'hui lieutenant-colonel. Il affirme avoir encore honte de la verdeur de sa réponse et je ne la publierai donc pas.

★★★

Chez les Espagnols, la *parada* est le temps d'arrêt d'un cheval que le cavalier veut mettre en valeur. Arrivé en France, le terme de parade passa des chevaux aux hommes. De sorte qu'en 1665 une ordonnance enjoignit aux gardes-françaises de faire parade.

Il n'y a pas de Parade de la gendarmerie sans que la garde républicaine y participe. Selon le programme, elle fournit son carrousel équestre (qui à lui seul est un spectacle), ses moniteurs de gymnastique ou ses acrobates motocyclistes. Tout cela donne de remarquables images télévisées, y compris les motards montant à dix-huit sur une seule moto, tandis que le dix-huitième brandit un carton avec COMPLET.

Les formations musicales de la garde sont bien entendu

de toutes les parades. La plus prestigieuse est la musique qui débuta en 1848, sous la direction du maréchal des logis-trompette Jean-Georges Paulus. Depuis, elle est devenue un orchestre harmono-symphonique de 123 musiciens. Presque tous titulaires d'un premier prix de conservatoire, ils ont été dispensés de passer par une école de gendarmerie. Ils font uniquement de la musique, soit au cours de manifestations officielles, soit lors de tournées de prestige à travers le monde. Et peut-être est-ce à cause de ces voyages qu'ils touchent la même prime de risque que les autres gendarmes.

Placée sous les ordres d'un tambour-major, la Batterie-fanfare est une musique militaire classique, regroupant de 75 à 100 musiciens qui eux sont de vrais gendarmes. Tout comme les 40 trompettes de la Fanfare de cavalerie.

L'alezan du trompette-major doit être parfaitement cadencé au point de vue trot, car dans un défilé c'est sur lui que se règle toute la marche. Une veille de 14 juillet, il eut la queue coupée, mais on préféra ne pas lui donner de remplaçant et le général de Gaulle n'a jamais su que le cheval placé en tête de la garde avait une queue postiche.

Les trois formations musicales de la G.R.P. firent partie du spectacle de la Grande Parade, un des clous de l'exposition 1967 à Montréal. 730 gendarmes (dont 500 gardes républicains), 130 chevaux, 55 motos, 27 jeeps et une multitude de costumes historiques, le tout mis en scène par Christian-Jaque, remportèrent un triomphe. Tandis que certains gardes mettaient à leur actif de flatteurs succès personnels.

– Quand nous avons quitté le Canada, bien des mouchoirs s'agitaient sur le terrain d'aviation.

Tout le monde sait ou ne sait pas qu'un tire-botte est un appareil en bois dans lequel on coince le talon, pour pouvoir retirer la botte. Lors d'un déplacement à Genève, un garde annonça qu'il avait rendez-vous au bal avec une demoiselle. Après quoi, avec un bel optimisme, il partit en uniforme, son tire-botte sous le bras.

C'est en 1964 qu'avait été présentée au Palais des Sports la première Grande Parade de la gendarmerie. Elle dura quinze jours et doit beaucoup à Raymond Rouleau, son metteur en scène de l'époque.

– Il nous faisait travailler comme des fous. Mais, les répétitions terminées, il consacrait une grande partie de la nuit à régler des problèmes d'éclairage. C'est grâce à lui que nous sommes passés du patronage au music-hall militaire de classe internationale.

Pour les numéros de gymnastique, Raymond Rouleau voulait une musique de jazz :

– Il suffirait d'une batterie.

Le chef de la Musique, un digne colonel, fronça les sourcils.

– Nous ne faisons pas de jazz!

– Allons, mon colonel, dit Rouleau, vos musiciens, quand ils courent le cacheton dans les boîtes de nuit, vous ne croyez pas qu'ils font du jazz?

Un numéro était prévu avec des plongeurs descendant des cintres et tournant autour d'une épave. L'eau était éclairée avec de la lumière noire, mais, pour que l'illusion soit complète, il fallait des bulles.

– Comment faire?

– Prenons des préservatifs gonflés à l'hélium, décida Raymond Rouleau.

Un assistant fut donc prié d'aller acheter quatre cents préservatifs à la pharmacie la plus proche. Face à une telle demande, le vendeur parut étonné.

– Ce n'est pas pour moi, s'empressa de dire l'assistant,

c'est pour les gendarmes qui sont au Palais des Sports.

La Grande Parade remporta un énorme succès. Un soir, parmi les spectateurs, il y avait un groupe de retraités venus de Saint-Gratien. L'un d'eux sursauta au moment d'une courte scène où l'on voyait passer le président Fallières, dans une vieille Peugeot de l'époque, encadré par des gardes républicains caracolant sur l'air de *En revenant de la revue.*

L'ancien se leva et fit de grands gestes pour attirer l'attention du président. Puis il se rassit, déçu :

– Il ne me reconnaît pas, dit-il.

Lors de la dernière représentation d'une pièce de théâtre, les acteurs se font souvent des farces. La tradition s'est perpétuée en 1976, pour la Nuit de la gendarmerie, organisée au Palais des Sports par Yves Mourousi. Le G.I.G.N. (groupe d'intervention de la gendarmerie nationale) présentait un numéro de karaté, au cours duquel un voyou tirait un coup de revolver, puis était désarmé.

Le dernier jour, juste après le coup de revolver, un poulet tomba des cintres.

Ne perdons rien du passé, c'est avec le passé qu'on fait l'avenir.

Anatole France.

LES FILLES DU GENDARME

EN 1953, à Allada, au Dahomey, l'adjudant qui commandait la brigade de gendarmerie reçut un jour la visite du chef de canton et de son akaoué (secrétaire-interprète). Quelques instants après la fin de l'entretien, il vit revenir l'akaoué :

– Mon vélo a été volé.

– Où?

– Ici, dans la cour de la caserne.

L'adjudant leva les bras au ciel! Si on volait chez les gendarmes, c'était la fin de tout. Pourtant, ses auxiliaires dahoméens étaient des types très bien. Alors quelqu'un de leur famille...

Après un discours virulent, tout le monde se mit en chasse et la bicyclette fut retrouvée, quatre jours plus tard, dans la cour de la subdivision, à cinq cents mètres de la gendarmerie.

Brusquement, l'adjudant se souvint que, juste avant la visite du chef de canton, il avait dû se rendre à la subdivision. Il avait pris dans la cour une bicyclette qu'il croyait appartenir à un gendarme, puis il était revenu en auto, oubliant la bicyclette. De sorte que le voleur, c'était lui!

– Mais ça, me confia-t-il, je ne l'ai jamais avoué à mes gendarmes auxiliaires.

Vers 1958, un lieutenant arriva à Tananarive où un colonel lui annonça son envoi dans un poste de brousse, sur la côte est. L'ancien donna quelques conseils au nouveau, jouant au vieux broussard, alors qu'il n'avait jamais quitté la capitale malgache.

Un jour pourtant, il vint en inspection sur la côte est et il parla au lieutenant des taxis bondés qu'il avait croisés. Tous portaient la mention TAXI BROUSSE.

– Quand même, conclut le colonel, il doit être bien riche, ce monsieur Brousse, pour avoir tant de taxis.

Dans un autre coin de Madagascar, un gendarme, chef de poste, reçut un message annonçant l'envoi *d'une lampe Pétromax deux cents bougies.*

Quelques jours plus tard, il répondit : *Bien reçu lampe. Bougies manquaient.*

En mai 1954, les gendarmes français de Dabola (Guinée) enquêtèrent sur une tentative de crime rituel. La femme d'un marabout avait été enlevée et un chef de village se félicitait que ses ravisseurs l'aient libérée.

– Tu as bien fait de la retrouver parce que, lorsque quelqu'un disparaît en pays Kissien, les Blancs nous fatiguent tous.

Au cours de l'enquête, un témoin rapporta les déclarations du fils d'un chef de village, au sujet d'un fétiche digne de la potion magique d'Astérix. Que le Kissien *ait la moindre histoire, qu'il soit convoqué devant le commandant ou devant les gendarmes, il lui suffira avant de quitter son village de prendre une infime quantité, une goutte du produit de la bouteille, de le diluer dans une eau tiède et aussi limpide que possible, et de s'ablutionner le visage et la partie supérieure du corps avec le tout. Il aura raison devant le commandant, les gendarmes ne pourront rien lui faire, même s'il a tué un être humain, devant le tribunal son procès tournera en sa faveur... S'il aspire à une place de plus grand chef, il verra ses désirs se réaliser.*

Les sorciers guinéens ne croyaient pas forcément à leurs pouvoirs et, en 1952, l'un d'eux avouait aux gendarmes de N'Zérékoré :

– Je reconnais que toutes mes pratiques sont inefficaces et ne sont que chantage, néanmoins je les exerce pour me procurer quelques gains.

Les écrivains publics bénéficiaient de l'analphabétisme de leurs compatriotes et aussi de leur timidité. Nombre d'Africains n'aiment pas (selon la formule d'un Camerounais) *donner buccalement des explications* et ils préfèrent remettre une lettre.

Un écrivain public apporta ainsi son aide à un auxiliaire de la gendarmerie sénégalaise désireux de présenter, dans les meilleures formes, une demande de permission. Cela commençait par : *Mon lieutenant, tu es pas très vache et tu t'occupes bien de moi...*

A la fin, l'écrivain public s'était un peu embrouillé dans les formules usuelles et il avait terminé par : *Je t'assure de mon profond sommeil.*

Un Camerounais, s'adressant à un commandant de brigade, finissait sa lettre en l'assurant de *ses sentiments perpendiculaires*. Un autre Camerounais écrivait à un lieutenant dont il sollicitait une faveur : *Je me prosterne sur mes quatre genoux*. Tandis qu'un Guinéen terminait par ses *meilleures salutations les plus anticipées.*

Le 1er janvier, un gendarme auxiliaire de Djibouti écrivit à son ancien colonel : *Au nom du savoir-vivre international, je vous adresse mes meilleurs vœux.*

Il y a aussi des plaintes savoureuses, telle celle-ci made in Cameroun, en 1957 : *J'ai l'honneur de venir auprès de votre haute bienveillance porter plainte contre la nommée N... Christine, bordele, demeurant... Elle m'a communiqué une terrible de blennorragie. J'ai dépensé beaucoup de l'argent pour la traiter, mais ça s'augmente toujours...*

Suivaient quelques détails sur la rencontre et sur les amis qui pouvaient témoigner. Après quoi, le plaignant demandait que Christine paye les frais de son traitement et concluait tragiquement : *Si je meurs cet elle qui doit m'enterrer.*

★
★ ★

Contrairement à d'autres, la décolonisation de l'Afrique noire française se passa bien. Un jour pourtant, l'adjudant de gendarmerie qui commandait un petit poste, au Dahomey, eut très peur. Une foule grondante montait en direction du poste. Craignant le pire, il barricada toutes les portes et mit en batterie l'unique fusil mitrailleur. Soudain, un gendarme dahoméen arriva à vélo :

– Chef, chef, cria-t-il, faut pas avoir peur. C'est la Lune qui a baisé le Soleil.

Autrement dit, il s'agissait d'une éclipse et les habitants du village avaient organisé un défilé ponctué de « hou, hou », afin de se préserver des mauvais sorts.

Après l'indépendance, les ex-colonies tinrent à avoir une gendarmerie que la plupart organisèrent avec l'aide de la France. Si, dans bien des cas, l'uniforme a changé, les traditions demeurent. Au fil des années, les chefs d'Etat africains découvrent même, comme Napoléon Ier, les vertus d'une organisation à part, souvent jugée plus sûre et plus utile que l'armée.

Pour avoir une bonne gendarmerie, il faut du temps et, en 1976, une dizaine de pays d'Afrique noire se partageaient encore les services de quelque deux cents assistants techniques français. C'est au Gabon qu'ils étaient le plus nombreux (une soixantaine). Seulement, comme l'a rappelé un officier du cru, *sachons une fois pour toutes que l'assistance technique est là pour former le personnel et non pas pour occuper des postes, mais aussi que cette coopération ne durera pas éternellement* (1).

Un jour vient donc où l'assistant technique repart vers la France, non sans de touchantes manifestations d'adieu.

– Le souvenir du capitaine au Dahomey est intarissable.

Le Dahomey est devenu le Bénin, mais le capitaine continue à recevoir des lettres amicales de ses anciens gendarmes. Quand il fut nommé lieutenant-colonel, l'un d'eux lui souhaita de devenir *colonel tout pur.*

Tant qu'il y aura des hommes, il y aura des perles et cela aussi bien dans la gendarmerie française que chez ses filles africaines. Par exemple, au Sénégal où, vers 1966, un lieutenant, souffrant d'une maladie de peau, demanda, avec certificat médical à l'appui, l'autorisation de porter la barbe. La réponse revint sous forme d'une note, signée de la main d'un lieutenant-colonel sénégalais : *Autorisé en dehors des heures de service.*

Dans les années qui suivirent l'indépendance de l'Algérie, des assistants techniques français contribuèrent à la formation des gendarmes algériens. D'où cette perle :

(1) *Propos sur la condition humaine de l'assistant technique* par le chef d'escadron Méducin, dans *la Revue d'études et d'informations de la gendarmerie nationale* (3e trimestre 1975).

– Les cambrioleurs ont laissé un trousseau de clefs et un pied-de-biche. Que faites-vous?

– Je saisis le trousseau de clefs et je cherche la biche.

Les responsables des gendarmeries africaines n'oublient pas la musique et la G.R.P. fournit des assistants techniques qui aident à mettre sur pied des formations musicales excellentes. Ainsi au Gabon où, sur une invitation à un bal donné à Libreville, en 1972, on lisait : *Une soirée riche en couleurs soutenue par les rythmes chauds du tout puissant orchestre de la gendarmerie nationale.*

L'application des lois françaises ne doit pas se faire de façon systématique. Aux confins du Sahara, un gendarme tchadien particulièrement zélé avait infligé 96 amendes forfaitaires au propriétaire d'un troupeau de bœufs, circulant sur une piste où il ne passait guère plus de deux ou trois autos par an.

Un gendarme camerounais, dont le véhicule avait coulé une bielle, expliquait :

– Il voulait pas démarrer, pourtant nous manivellâmes jusqu'à l'agonie.

Il y a des absences moins motivées, mais il faut reconnaître que cet employé civil de la gendarmerie camerounaise avait un art étonnant d'expliquer ses retards répétés. De quoi rendre jaloux M. Badin, le héros de Courteline!

... Habitant d'une contrée extrêmement retirée de la ville, (15 km) dotée d'une route mal entretenue, surtout en saison des pluies; il m'arrive le plus souvent qu'en arrivant, crotté, ou mouillé par la rosée matinale que je cueille le long des sentiers embroussaillés lesquels je longe avant de gagner la soi-disant grand'route, en effet, l'imagination perdue dans les réflexions de cette médiocre situation, je me dirige vers mon bureau oubliant d'aller justifier ma présence dans la grande horloge à l'arrivée.

J'attire cependant votre attention sur ma présence au lieu de travail durant toute la durée du service, hormis mon dévouement.

Cette lettre date de 1962, tout comme une autre due à un maréchal des logis-chef camerounais qui écrivait à propos de son retard à une cérémonie officielle : *Ma conscience professionnelle ne me reproche rien, en considération d'une force majeure, « LA CÉPHALÉE » qui me dominait.*

Et le sous-officier concluait : *Saint-Thomas a dit : « Je ne cherche pas à convaincre mon adversaire, mais à m'unir à lui dans une vérité plus haute ».*

Mon lieutenant, je vous supplie d'examiner le fond de cette pensée, à la suite de l'observation qui vous a été rapportée sur ma personne aux fins de sévices.

La gendarmerie nationale camerounaise est née le 1er avril 1960. Depuis, elle n'a cessé d'accroître ses effectifs et d'étendre son action, devenant, m'a-t-on dit, une des meilleures d'Afrique noire. Alors, si j'ai davantage de perles camerounaises, c'est sans doute parce qu'elles sont suffisamment rares pour être frappantes. Et surtout parce qu'il y a des gens assez avisés pour les recueillir.

Un adjudant avait une façon bien à lui d'expliquer la fuite d'un prévenu : *Monsieur E... était avec cinq autres individus dans notre chambre de sûreté. Cet homme nous paraissant dangereux, nous lui avons menotté un bras avec l'un de ses camarades.*

Il paraît que la nuit, E... enlevait magiquement les menottes de sa main et se mettait à évoquer les esprits devant un hôtel bien garni des bougies qu'il faisait venir par miracle. Après ces multiples prières, son hôtel disparaissait, ceci sous les yeux des autres gardés à vue, qui avaient trop peur de dénoncer cet acte.

C'est ainsi que dans la nuit du 3 au 4 juin 1965, il pleuvait. Le gendarme de planton à la Brigade était pris par un long sommeil. Au cours de ce sommeil, le gendarme rêvait qu'une panthère venait pour l'attraper et enlever sa tête. Il criait à haute voix de telle sorte que les gardés à vue le réveillaient.

Pendant ce temps, Monsieur E... après ses prières habituelles, se transformait en esprit après avoir abandonné son compagnon de paire de menottes. Il s'en allait ainsi et s'échappait en passant par les joints des tôles de la toiture de la chambre de sûreté.

En Afrique comme en France, il est interdit de pratiquer ce que l'on appelle « la conduite volupteuse ». En 1958, un ministre eut le tort de l'oublier et son auto accrocha un arbre. La passagère, légèrement blessée, déclara aux gendarmes qu'au moment de l'accident le ministre avait la main dans son corsage. Circonstance d'autant plus aggravante que le ministre était manchot.

L'amour a d'autres dangers. Vers 1968, un gendarme recueillit cette déclaration d'un Tchadien mécontent : *Je lui ai cassé la gueule parce qu'il parcourait ma femme.* En réalité, le suborneur n'en était encore qu'à faire la cour à la dame.

Un gendarme camerounais avait été nettement plus loin dans ses avances, vis-à-vis d'une demoiselle qui porta plainte pour viol. Trois jours après, elle signait un P.V. de retrait de plainte d'une admirable concision : *Il m'a donné 100 francs CFA.*

Certains patrons des gendarmeries africaines viennent en France se tenir au courant des progrès techniques. Le représentant d'une jeune république se rendait à Maisons-Alfort, quand il lut sur une pancarte : NANCY-TROYES.

– Ah! dit-il, la célèbre bataille de Troyes!

*
* *

En 1976, une dame se présenta dans une gendarmerie de l'Essonne :

– Ma fille est dans la région des tremblements de terre. Je viens téléphoner en Italie.

– Pourquoi? La poste est fermée?

– Non, mais vous avez bien une ligne directe avec les carabiniers.

Il n'y en avait pas et pourtant l'arme des carabiniers, née en 1814, est considérée comme la sœur de la gendarmerie française. Elle a même encore un chapeau ressemblant à celui de Pandore.

Au Canada, la gendarmerie française a une lointaine cousine qui, dans les manifestations officielles, arbore le feutre à larges bords, parent militaire du chapeau de cow-boy. Il va de pair avec la tunique rouge dont la couleur avait été choisie pour le respect qu'elle inspirait aux Indiens.

Le 23 mai 1873, sous le règne de Victoria, une force de police à cheval fut créée pour faire régner l'ordre dans les territoires du Nord-Ouest. Tout serait à raconter des terribles difficultés rencontrées par les Tuniques rouges pour faire appliquer des lois que les Indiens appelaient « les paroles de la Grande Mère blanche ». Aujourd'hui, la royal canadian mounted police (R.C.M.P.) est connue en France sous le nom de police montée, mais la traduction officielle est gendarmerie royale du Canada (G.R.C.). Pour les puristes, cette organisation paramilitaire n'est pas une vraie gendarmerie, car elle ne dépend pas du ministère des Armées, mais du Solliciteur général, lequel s'occupe entre autres des prisons et de ceux qui les remplissent.

SACRÉS GENDARMES

C'est après avoir fait la preuve de son efficacité dans le Nord-Ouest que la G.R.C. étendit peu à peu ses compétences aux autres provinces (Québec et Ontario exceptés). Elle acquit en outre, sur l'ensemble du territoire, des responsabilités fédérales suffisamment nombreuses pour inspirer les scénaristes. D'où des films où l'on a pu voir les Tuniques rouges poursuivant des espions, des contrebandiers, des faux-monnayeurs, des trafiquants de drogue et autres criminels, mais ces films, la plupart du temps made in Hollywood, ne plaisent guère aux Canadiens.

Le service dans le Grand Nord se fait avec des motoneige, des traîneaux attelés de chiens ou des avions. Car la G.R.C. a ses avions qui, selon les saisons, sont munis de roues, de flotteurs ou de skis. Elle a ses bateaux, sa fanfare (qui joue aussi bien du Bach que du rock), son concours du plus beau policier et sa devise : *Maintiens le droit.*

Le carrousel équestre de la G.R.C. est mondialement connu. En juillet 1973, la reine Elisabeth eut l'occasion de l'applaudir, lors du centenaire de la mounted police. Au cours d'une des réceptions, une brave Canadienne salua la reine en disant très réglementairement Votre Majesté. Elle savait aussi qu'il fallait dire Votre Altesse royale au prince Charles, Votre Altesse à la princesse Anne, mais devant le prince Philip elle hésita et dit finalement :

– Votre Splendeur.

Roland Michener, qui fut gouverneur général du Canada jusqu'en 1974, était un sportif convaincu. Tous les matins, il faisait son quart d'heure de footing dans le parc de Rideau Hall. Un jour, un jeune gendarme, arrivé de la veille, l'interpella :

– Tu ne sais pas où tu es? Va traîner tes guenilles ailleurs.

Depuis, il paraît que les photos du gouverneur général

et de sa femme font partie de l'enseignement de base des jeunes gendarmes.

Ceux-ci savent déjà quels sont les surnoms auxquels ils auront droit parmi les tenants de l'argot. Les anglophones parlent des *dogs* (chiens) ou des *pigs* (cochons), alors que les francophones utilisent moins *les chiens* que *les bœufs* ou *les grands chapeaux.* Mais depuis la victoire du parti québécois (15 novembre 1976) les péquistes parlent de la G.R.R.C. *(gendarmerie royale du reste du Canada).*

En 1967, un chef d'escadron français consacra un article (1) aux cousins canadiens. Il expliqua qu'ils devaient mesurer entre 1,73 m et 1,96 m, avec un poids de 83 à 96 kilos selon la taille. Le poids était vérifié tout au long de la carrière et, en cas d'excès, il fallait maigrir ou quitter la G.R.C.

Ce système, ajouta-t-il, *heurte peut-être notre conception de la liberté de l'individu, mais son application dans la gendarmerie française apporterait vraisemblablement un bénéfique affinage de certaines silhouettes.*

J'ai demandé à l'auteur de l'article s'il respectait le rapport poids-taille de la G.R.C.

– Eh bien, m'a-t-il dit, voici déjà plusieurs années que je songe à me mettre prochainement au régime.

Il est vrai que la doctrine a un peu évolué au Canada et l'historien de la royal canadian mounted police m'a écrit en octobre 1976 : *La gendarmerie n'exige plus de poids fixe maximum pour ses membres réguliers... Il incombe au commandant du membre obèse d'avertir ce dernier en ce sens, s'il le juge à propos.*

(1) *Le gendarme au Canada* par le chef d'escadron Bagnouls, dans *la Revue d'études et d'informations de la gendarmerie nationale* (2e trimestre 1967).

⁂

Il y a quelques années, le commandant de brigade d'une ville belge, rendue célèbre par *Jeux sans frontières,* réclamait à cor et à cri l'envoi de la camionnette-radar destinée à détecter les excès de vitesse :

– Dans ce secteur, on ne respecte jamais la limitation, se plaignait-il.

Un jour enfin, il fut entendu. On envoya la camionnette-radar et la première infraction fut relevée contre... le commandant de brigade.

En 1975, les gendarmes belges ont distribué 321 920 procès-verbaux pour infractions à la législation routière. Ce qui explique leur surnom de *frères de la charité.*

Jacques Mercier était producteur de l'émission *le Conducteur en or,* à la R.T.B., quand il fut arrêté par un gendarme, sur l'autoroute allant à la mer.

Excès de vitesse, pneus lisses, clignotant défaillant, le gendarme sortit son carnet. Jacques Mercier glissa habilement qu'il participait à l'émission du *Conducteur en or,* patronné par la Sécurité routière.

– Raison de plus! dit le gendarme.

Certains Belges, comme d'ailleurs beaucoup de Français, se sentiraient déshonorés s'ils n'essayaient pas de faire sauter leurs contraventions. Un succès en ce domaine les conforte dans l'idée de leur importance.

Vers 1954, le commandant d'un groupe mobile, dont dépendait la police de la route, reçut la visite d'un important avocat. Le cher maître expliqua qu'il venait de recevoir une amende à payer, pour une infraction commise quelque temps avant. Le commandant s'empressa de téléphoner au responsable du secteur.

– Maître, déclara-t-il ensuite, il n'y a pas de problèmes. Ça s'est passé exactement comme vous dites. Mais je comprends ce qui vous gêne.

Et, ouvrant son portefeuille, il tendit deux billets à l'avocat.

– Il y a des gens à qui je ne peux pas refuser un service, m'a confié un colonel, alors je trouve plus simple de payer leur contravention.

On sait que la Belgique fut incorporée à la France le 1er octobre 1795. Elle bénéficia des lois de la Révolution et fut entre autres dotée d'une gendarmerie qui, comme celle du Luxembourg, est donc fille de la gendarmerie française. Elle devint maréchaussée royale durant la période que la Belgique passa sous la coupe des Hollandais. Puis, au lendemain de l'indépendance, la Constitution de 1831 rétablit l'appellation de gendarmerie nationale. Pour le reste, les lois en vigueur étaient maintenues jusqu'au vote d'une nouvelle loi qui, longuement méditée, vit le jour le 2 décembre 1957, soit 126 ans après.

Entre-temps, l'inspection générale de la gendarmerie publia un certain nombre d'ordres, en particulier celui-ci daté du 28 septembre 1844 : *Il est expressément défendu de porter des boucles d'oreilles, à moins que la nécessité n'en soit constatée par un certificat médical, et alors elles ne pourront être qu'en plomb et en étain.*

En 1934, un autre ordre interdit aux gendarmes de tailler leur moustache d'*une façon qui rappelle une particularité de la physionomie de certain acteur de cinéma. Le visage du gendarme, qui doit être sérieux, en devient ainsi ridicule.*

Le gendarme d'aujourd'hui ne ressemble plus guère à celui de l'époque de Charlot. En outre, bien des choses se sont modernisées, tant sur le plan des véhicules que sur celui des moyens radio. Mais comme l'a rappelé le lieutenant général Van Wanzeele, en devenant commandant de la gendarmerie, le 1er janvier 1976, *malgré l'appoint de la technique, nos interventions demeurent ce qu'elles ont toujours été : des actes, des paroles, des attitudes d'hommes parmi les hommes* (1).

Vers 1950, à Bruxelles, un motard, qui venait de recevoir une des premières Harley-Davidson, rejoignit un fou du volant et lui tendit son pistolet :

– Tenez, ça ira plus vite.

A la même époque, dans les Flandres, un livreur circulait à vélo, les mains dans les poches, ce qui est une infraction manifeste. Deux gendarmes l'arrêtèrent et l'un d'eux lui dévissa son guidon :

– Puisque vous n'en avez pas besoin, continuez donc comme ça.

Dans le cadre de la lutte contre l'insécurité routière, la gendarmerie belge a effectué, en 1975, 58 022 « tests haleine », parmi lesquels 14 090 se sont révélés positifs.

Sur une route proche de Malmédy, un jeune gendarme avait vu une auto zigzaguer dangereusement. « Encore un qui a trop bu », songea-t-il. Il siffla, fit descendre le conducteur, le pria de souffler et constata avec stupeur que le test était parfaitement négatif.

– Vous pouvez repartir, dit-il.

L'auto repartit plus zigzagante que jamais. C'est alors que le jeune gendarme aperçut à l'arrière un magnifique GB. En ouvrant la portière de gauche, il n'avait pas réalisé qu'il faisait descendre le passager, puisqu'en Grande-Bretagne la plupart des voitures ont la conduite à droite.

Les gendarmes ont parfois des difficultés avec ceux qu'ils veulent verbaliser :

(1) Cité par *la Revue de la gendarmerie* (1er trimestre 1976).

Notre attention est attirée par le bruit que fait l'échappement d'un conducteur.

Il n'a pas obtempéré malgré trois injections.

Un automobiliste, qui circulait sur une autoroute avec un ami, fut arrêté par des motards. Pendant qu'il montrait ses papiers, l'ami dit à l'autre motard :

– Tu sais, mon frère est gendarme.

Il répéta cela deux ou trois fois jusqu'à ce que le motard réponde :

– Attention, monsieur, tentative de corruption! Ça va vous coûter très cher. Passez-moi vos papiers.

Le motard regarda la carte d'identité et éclata de rire. L'homme s'appelait Gendarme.

Je dois cette anecdote à l'amabilité de Robert Louis qui m'a invité à son émission *De face et de profil.* Grâce à quoi, des auditeurs et des auditrices de la R.T.B. m'ont raconté diverses histoires.

Un innocent de village, bègue par surcroît, fut arrêté par les gendarmes :

– Vous n'avez pas de feu arrière à votre bicyclette.

– Oh! le... le... le fainéant. Il a pas... pas pu me suivre. A... a... a... attendez un peu. Il ne va pas tar... tar... tarder à me rattraper.

Et l'innocent, peut-être moins innocent qu'on ne l'imagine, s'en tira sans contravention.

Une dame avait vu deux gendarmes qui réglaient la circulation devant chez elle.

– Attends, dit-elle à une amie, on va rigoler.

S'approchant d'un des gendarmes, elle lui demanda :

– Écoutez, monsieur, sur un pont, à un feu vert, à quelle distance doit-on s'arrêter?

Le gendarme se gratta la tête :

– Je ne sais pas bien. Je vais demander à mon collègue.

Un moment après, il dit :

– Ben, cinquante, soixante centimètres.

– Non, monsieur, s'écria la farceuse, à un feu vert, tout le monde peut passer.

Le recrutement des pandores belges se fait par des concours qui, selon le cas, préludent à un an d'école, pour les simples gendarmes, trois ans pour les sous-officiers d'élite et cinq ans (dont deux d'université) pour les officiers. J'ai trouvé dans un bulletin de la gendarmerie de Charleroi des perles, dites de C.E.E. (candidats cancres d'élite), cuvée 1975.

Il fallait nommer quatre tribus vivant en Belgique, au temps de Jules César. Parmi les réponses figuraient *des Vergétoriens, des Sarrasins, des Sudètes, des Adriatiques, des Mérovingiens* et *des Bourbons.*

En 1976, les candidats au même concours furent interrogés sur *la Muette de Portici,* opéra d'Auber, dont le chant fameux « Amour sacré de la patrie » fut le point de départ de la révolution de 1830. Pauvre Auber qui se retrouva ainsi l'auteur de *la Mégère apprivoisée,* de *la Belle de Cadix* et même d'*Opéra Mundi!*

Contrairement à ce que pourraient faire croire ces perles, le niveau d'instruction des candidats reçus est de plus en plus élevé depuis quelques années. Mais, en Belgique, les raconteurs d'histoires ont toujours eu la dent particulièrement dure. Ils prétendent que l'on donne trois galons au gendarme sachant lire et écrire; deux à celui sachant lire ou écrire; un à celui ayant, dans sa famille, quelqu'un qui sait lire ou écrire.

En revanche, l'histoire est vraie du gendarme qui, en décembre 1975, dégivrait la vitre arrière de sa voiture avec de l'eau chaude. Son travail terminé, il jeta le reste de l'eau sur la chaussée.

Un voisin lui fit remarquer qu'en temps de gel il est interdit de verser de l'eau sur la voie publique. A quoi le gendarme répondit :

– Oh! mais ça n'a pas d'importance, puisque c'est de l'eau chaude.

Les salaires des gendarmes sont alignés sur le sacro-saint barème de la fonction publique. Faute de pouvoir les augmenter de façon suffisante, le commandement fait franchir rapidement les premiers grades : gendarme, brigadier et souvent même maréchal des logis. Après, l'ascension est beaucoup moins rapide et, en 1977, on comptait un général pour 4 242 hommes dans la gendarmerie, contre un général pour 2 155 hommes dans l'armée.

Les gendarmes belges ont deux syndicats (non politisés) très actifs.

– Leurs revendications se rapprochent généralement de celles du commandement, m'a dit un colonel, et c'est souvent un soutien vis-à-vis du ministre.

La gendarmerie ne s'occupe pas seulement de la circulation et « des accidents de roulage ». En 1975, elle a enquêté sur 61 114 crimes et délits, auxquels s'ajoutent les contrôles aux frontières, la lutte contre le trafic de drogue et autres tentatives punissables, parmi lesquelles un élève gendarme citait *la tentative de traire des blanches.*

Selon les besoins de l'enquête, les gendarmes opèrent soit en uniforme soit en civil. Il y a parfois des difficultés, si j'en juge par ce procès-verbal : *Le prévenu savait certainement bien que nous étions gendarmes, malgré que nous ayons été en habits bourgeois, puisqu'il n'a pas hésité à nous traiter de fainéants et de bande de vaches.*

A lire cet autre procès-verbal, on s'aperçoit que les gendarmes belges ne se laissent pas faire : *Le nommé L... a tenté de s'échapper. Il s'est débattu pieds et poings. Nous avons dû faire usage de légers coups de matraque et nous l'avons immobilisé.*

Mais la force n'est pas toujours du même côté : *Aux date et heure précitées, nous nous trouvions en notre domicile rue du Bois-des-Cloches, lorsque plusieurs jeunes gens se mirent à chanter « Ce flic est un salaud », sur l'air d'une chanson de Johnny Hallyday...*

Les gendarmes en entendent bien d'autres quand ils doivent disperser des manifestations. La question royale, en 1951; les grèves de 1960-1961; la grève des mineurs, en 1966, furent des périodes difficiles pour la gendarmerie belge dont l'arme préférée est le canon à eau.

– Ça calme bien, m'a dit un colonel, surtout en hiver. Et puis il y a les charges à cheval qui sont toujours impressionnantes.

Tant qu'à parler de chevaux, les trois colonels belges, avec qui j'ai déjeuné, préféraient évoquer leur temps d'école, quand l'instructeur hurlait :

– Vous montez à cheval comme une mouche sur une barre d'écurie.

Ou lorsqu'il disait à sa monture :

– Viens, Pitje, ne regarde pas ce spectacle-là.

Après quoi il s'éloignait... pour fumer une cigarette.

– Le vingt-cinq, m'a raconté un colonel, il virait nos paquetages en nous traitant de bohémiens. Mais, le vingt-six, notre stage terminé, il nous disait : « Mes respects, mon lieutenant. » Trente ans après, quand nous l'avons invité à un repas d'anciens, il n'est pas venu, estimant que ce n'était pas sa place de s'asseoir à la table d'un colonel. Si bien que, le dîner suivant, nous avons dû aller le chercher chez lui.

Les repas d'anciens sont l'occasion d'évoquer de vieux souvenirs. Par exemple cet officier donnant des cours de roulage et expliquant la priorité à droite à un élève qui ne comprenait pas très bien :

– Voyons, vous m'avez vu sortir du quartier à cheval?

– Oui, mon lieutenant.

– Ai-je la priorité à droite, oui ou non?

– Oui, vous l'avez, mais vous, ce n'est pas la même chose.

– Pourquoi?

– Parce que vous êtes un animal monté.

Un jour, les chevaux de l'école attrapèrent des poux. D'où isolement, pansage avec le même matériel, bref beaucoup d'ennuis.

– Premier-chef, vint dire un candidat officier, j'ai un remède souverain contre les poux. Vous enduisez tout le cheval avec un bon dépuratif. Vous attendez que les poux l'avalent et que ça fasse son effet. Quand les poux vont à la toilette, vous prenez le cheval et vous partez...

L'aimable plaisantin n'eut pas le temps d'achever.

– Vous me ferez quatre jours, hurla le premier-chef.

Les Belges inventent volontiers des histoires drôles. Beaucoup de celles que les Français racontaient à leur sujet, en 1976, venaient en réalité de Belgique. Il y avait plus de vingt ans que les Wallons les attribuaient aux Flamands et réciproquement (1). Quelques Belges se vexèrent, bien à tort d'ailleurs, car l'un d'eux trouva la meilleure réplique sous la forme d'une devinette :

– Pourquoi les histoires belges ont-elles tellement de succès en France?

– Parce qu'elles sont faciles à comprendre.

Sous l'uniforme, les Belges ne perdent rien de leur

(1) Voir à ce sujet dans *la Bataille du rire*, publiée en 1970, le chapitre que j'avais intitulé *le Picotin des Flamands*.

humour. Je rappelai à un colonel une astuce déjà citée dans *la Foire aux bidasses :*

– Si les officiers supérieurs montent à cheval, c'est parce qu'il y a plus de choses dans deux têtes que dans une.

– Oui, me répondit le colonel, mais les chevaux ne veulent plus servir de monture aux brevetés d'état-major, parce qu'ils sont fatigués de penser tout seuls.

Bien entendu, il était lui-même breveté d'état-major.

– Je fais partie de ceux qui savent tout, mais rien de plus, et qui trouvent un problème à toute solution.

Il m'a aussi (et je lui en suis très reconnaissant) communiqué des perles de procès-verbaux :

L'inconduite de Madame X... est palpable.

Elle a eu un moment de faiblesse : elle a retiré son slip et elle a été violée.

Au cours du viol, elle n'a pas osé appeler au secours de peur d'être entendue par les voisins.

L'intéressée ne savait plus à quel saint se vouer, c'est pourquoi elle s'est adressée à nous.

Les perles ne doivent pas faire oublier tous les résultats obtenus par la gendarmerie belge, y compris l'arrestation d'un braconnier. L'homme avait été piégé avec l'aide d'un chien policier, mais il s'entêtait à nier l'évidence, jusqu'au moment où cet ultime argument le fit avouer :

– Tu mens, le chien t'a senti. Et fais attention, il est assermenté.

TABLE DES MATIÈRES

Achevé d'imprimer
le 16.1.78
par Printer Industria
Gráfica S.A.
Tuset, 19 Barcelona
Sant Vicenç dels Horts 1978
Depósito Legal B. 806-1978
pour le compte de
France Loisirs
123 Boulevard de Grenelle
Paris

Numéro d'éditeur: 3501
Dépôt légal : 1er trimestre 1978
ISBN : 2-7242-0253-8
Imprimé en Espagne